VISÃO
VIÁVEL

K33v   Kendall, Gerald I.
          Visão viável : transformando o faturamento em lucro líquido /
       Gerald I. Kendall ; tradução Renate Schinke. – Porto Alegre :
       Bookman, 2007.
          160 p. ; 23 cm.

       ISBN 978-85-60031-65-8

       1. Administração – Vendas. I. Título.

       CDU 658.811

Catalogação na publicação: Júlia Angst Coelho – CRB 10/1712

GERALD I. KENDALL

VISÃO VIÁVEL

Transformando o Faturamento em Lucro Líquido

Tradução:
Renate Schinke

Consultoria, supervisão e revisão técnica desta edição:
Thomas Corbett
Doutor em Administração pela FGV
Consultor da Goldratt Consulting

2007

Obra originalmente publicada sob o título
Viable Vision

© 2005, Gerald I. Kendall
ISBN: 1-932159-38-X

Capa: *Gustavo Demarchi*

Preparação do original: *André Luis de Godoy Vieira*

Supervisão editorial: *Arysinha Jacques Affonso*

Editoração eletrônica: *New Book Editoração Ltda*.

Reservados todos os direitos de publicação, em língua portuguesa, à
ARTMED® EDITORA S.A.
(BOOKMAN® COMPANHIA EDITORA é uma divisão da ARTMED® EDITORA S.A.)
Av. Jerônimo de Ornelas, 670 - Santana
90040-340 Porto Alegre RS
Fone (51) 3027-7000 Fax (51) 3027-7070

É proibida a duplicação ou reprodução deste volume, no todo ou em parte, sob quaisquer formas ou por quaisquer meios (eletrônico, mecânico, gravação, fotocópia, distribuição na Web e outros), sem permissão expressa da Editora.

SÃO PAULO
Av. Angélica, 1091 - Higienópolis
01227-100 São Paulo SP
Fone (11) 3665-1100 Fax (11) 3667-1333

SAC 0800 703-3444

IMPRESSO NO BRASIL
PRINTED IN BRAZIL
Impresso sob demanda na Meta Brasil a pedido de Grupo A Educação.

O Autor

Gerald I. Kendall, PMP, é diretor da TOC International e renomado consultor, palestrante e facilitador. Atende a clientes no mundo inteiro desde 1968. Seu currículo inclui uma vasta experiência como planejador estratégico e também como executivo nas áreas de sistemas, vendas, *marketing* e operações com foco internacional. Ele não só trabalhou em pequenas e grandes empresas multinacionais, como também para diversos governos e organizações sem fins lucrativos, com o objetivo de melhor administrar questões culturais relativas à mudança organizacional.

Gerald é especialista em planejamento estratégico e administração de projetos com abordagem de cima para baixo. Entre seus clientes constam Telstra, British American Tobacco, Raytheon, Babcock & Wilcox, Alcan Aluminum, Covad Communications, Tessco Distributors e Lockheed Martin.

É certificado pela TOC International Certification Organization (www.tocico.org) em todas as disciplinas da Teoria das Restrições e recebeu diploma e medalha de prata da Universidade McGill. É membro do Project Management Institute.

Gerald é autor de *Viable Vision, Advanced Project Portfolio Management and the PMO* e *Securing the Future: Strategies for Exponential Growth Using the Theory of Constraints*. Além disso, escreveu o capítulo sobre Cadeia Crítica contido em *Project Management, A System's Approach*, do dr. Harold Kerzner, 8ª edição, e atualmente está preparando um capítulo sobre Gestão de Carteira de Projetos para um texto sobre Gestão de Projetos da American Management Association.

Gerald mora em Navarre, Flórida, EUA. Quando não está observando golfinhos, é possível contatá-lo em Gerryikendall@cs.com.

Agradecimentos

Há uma pessoa que dedicou uma quantidade extraordinária de tempo e amor à confecção deste livro. Essa pessoa é Jacquelyn, minha esposa e companheira nesses últimos dez anos. Uma das maiores especialistas do mundo em metodologia de aperfeiçoamento, Jacquelyn foi a responsável para que o conteúdo deste livro estivesse correto. Onde quer que palavras certas tenham sido empregadas e a mensagem passada de maneira clara e objetiva, isso se deve a ela.

Devo a Eli Goldratt meu respeito e eterna gratidão, por apoiar minha idéia original de escrever um livro curto mas preciso sobre a Teoria das Restrições para executivos. Seu apoio e ajuda direta na análise das diferentes hipóteses foram decisivos para eu manter a idéia viva e em desenvolvimento. As décadas de sua abnegada dedicação e lealdade inabalável aos princípios da Teoria das Restrições são fonte de inspiração para mim e muitas outras pessoas no mundo.

Também sou grato às inúmeras pessoas que, consciente ou inconscientemente, serviram de cobaia para testar o material e produzir algum resultado. Jordan Kendall, gerente da Deloitte Consulting, debruçou-se várias horas sobre o assunto, para testar a Visão Viável. Só mesmo sendo da família para aturar tanta bobagem! Bob Casey, Bob Reardon, Mike Walters e Kevin Calame, da Lockheed Martin; Pat Bennett, da Covad; Bob Barnhill, da Tessco Technologies; Tali Masbaum, da Realization; Terrance Moore, da Jasos Group; Paul Waring, da Dickies; Yvon D'Anjou, da Alcan; Mike Mckay, da TIPS; e Stewart Witt, da Goldratt's Consulting Group leram alguns capítulos à medida que iam sendo escritos e ofereceram seus comentários. Guy Brill e Oded Cohen, da Goldratt's Consulting Group, deram conselhos excelentes quando o livro estava em sua fase inicial.

Estou em dívida com Alan Barnard, da Goldratt's Consulting Group, por contribuir com as três planilhas apresentadas no Apêndice A. Meus agradecimentos a Wendy Maxwell, da Goldratt's Consulting Group, que ajudou mais do que possa imaginar. Algumas experiências que compartilho neste livro não teriam sido possíveis sem o apoio e a confiança de Steve Hardy, sócio-gerente da Hardy Management Consulting.

Por fim, de um modo peculiar, devo o momento certo de ter escrito esta obra à minha mãe, Bea Kendall, de 88 anos. Ela vinha pegando no meu pé o ano todo: "Então, Gerald, quando é que teu próximo livro fica pronto?""Ei, mãe, o livro está pronto! Pára de me amolar, O.k.?".

Gerald I. Kendall

Prefácio

Um número recorde de executivos é demitido por não conseguir cumprir as metas estabelecidas pela diretoria e pelos acionistas de suas empresas[1]. A maioria das empresas parece não ter o guia certo para sua visão, o que significa que tal visão não é viável e que os recursos mais preciosos muitas vezes são desperdiçados. Como é possível que isso aconteça nos dias de hoje, em que há tantas pessoas capazes administrando empresas e tantos livros de aperfeiçoamento à disposição?

Este livro sugere que executivos e gerentes estão utilizando métodos errados para lidar com a complexidade. No entanto, antes de aceitarmos mais uma abordagem, é preciso entender o que está errado com as práticas atuais. Mas as práticas atuais são vacas sagradas dificilmente sacrificadas em nome da intuição ou da experiência. Não conseguimos entender por que as abordagens idolatradas falham com tanta freqüência. O presente livro descreve cuidadosamente os problemas das práticas atuais, antes de propor uma abordagem diferente e muito mais simples de melhoria.

Como se costuma dizer, o esperto aprende com os erros; o sábio, com os erros dos outros. Essa é apenas minha modesta opinião, mas acredito que este livro tornará você mais sábio por três motivos, a saber:

1. Ele se baseia em 20 anos de experiência em ciência aplicada. Conheço pouquíssimos conceitos que foram testados de modo tão intenso na prática.
2. Ele oferece aos executivos o que a natureza humana almeja, mas raramente encontra: simplicidade em meio a tanta complexidade. Todos os executivos que conheço têm o desafio de unir seus funcionários em torno de um esforço viável de aperfeiçoamento. Simplicidade é a chave.
3. Oferece uma estrutura de referência correta e comprovada, que faz com que as pessoas nas empresas trabalhem juntas de forma voluntária e de bom

---

[1] De acordo com o jornal *USA Today* (abril de 1997, p. B1), 163 executivos da lista dos 500 mais importantes publicada pela revista *Fortune* foram demitidos entre 1992 e 1996. Em um artigo de 8 de abril de 2002, o *USA Today* citou uma pesquisa feita pela empresa de recursos humanos Drake, Beam, Morin, que afirma que 57% das 367 grandes corporações pesquisadas haviam substituído o CEO nos três anos anteriores.

grado. Por fim, os presidentes e os altos executivos não precisam mais desempenhar o papel de juiz entre os silos nas organizações.

Independentemente do tamanho da empresa e do ramo no qual ela opera, acredito que você achará os conceitos relevantes e práticos. As 200 empresas listadas no Apêndice D puseram em prática as idéias e publicaram os resultados obtidos. São empresas cujo valor varia entre 5 milhões e 50 bilhões de dólares. Entre elas estão manufaturas, empresas de água, luz e gás, seguradoras, bancos, hospitais, desenvolvedoras de *software*, órgãos públicos, etc. Você reconhecerá o nome de várias grandes companhias, mas isso não significa que esses conceitos funcionarão na sua empresa.

O que torna esta obra e seus conceitos úteis é que eles são puro bom senso. No entanto, como já dizia Mark Twain, "o senso comum não é muito comum". Os últimos vinte anos de experiência nessa metodologia de aperfeiçoamento provaram por diversas vezes que o bom senso muitas vezes contradiz a intuição. Parte das métricas que atualmente parecem fazer sentido para as empresas na verdade as está levando à estagnação, em vez de melhorá-las.

Esta obra tem o apoio de dezenas de livros, vídeos e materiais de auto-aprendizado que fornecem muito mais detalhes a respeito de soluções, logística e aspectos do comportamento humano de esforços de aperfeiçoamento. O que faltava era algo que interligasse todos os detalhes. Os executivos e administradores têm agora um guia testado e aprovado para caminhar rumo a uma Visão Viável – para igualar o lucro líquido com o faturamento dentro de poucos anos. Por favor, seja inteligente.

Gerald I. Kendall

*Materiais grátis, com valor agregado,
disponíveis no Centro de Download de Recursos no site www.jrosspub.com.*

A J. Ross Publishing oferece materiais para download grátis e que complementam este livro e todas as publicações que participam do Web Added Value®. Os recursos que podem ser baixados para o livro *Visão Viável: Transformando o Faturamento em Lucro Líquido* são planilhas eletrônicas de planejamento, um manual executivo para gestão de carteira de projetos e uma lista abrangente de empresas de referência. Estes documentos estão disponíveis no Web Added Value Download Resource Center no site www.jrosspubl.com/wav.

Se as despesas operacionais são constantes, qual teria que ser o aumento nas vendas para transformar seu faturamento atual em lucro líquido? A planilha eletrônica Visão Viável geral permite que qualquer empresa possa fazer essa análise sozinha. As outras duas planilhas disponibilizadas no site são exemplos de casos discutidos no livro – um fabricante de cabos elétricos e uma empresa de irrigação por gotejamento.

O Manual Executivo de Gestão de Carteira de Projetos é um guia oficial com 19 páginas contendo os mais recentes dados de pesquisa e consultoria sobre este assunto. Ele inclui um resumo executivo sobre dois componentes da Visão Viável – a Gestão de Projeto de Corrente Crítica e o novo processo 4x4.

Uma lista ampla de empresas que implantaram os componentes da Visão Viável está em planilha Excel. Ela lista mais de 200 empresas que já implantaram a Teoria das Restrições e obtiveram resultados mensuráveis. A planilha indica a fonte de referência, incluindo diversos sites na Web e as áreas onde a Visão Viável foi implementada. Ela menciona também o país de origem. Diversas referências incluem comentários e apresentações feitas pelos clientes.

Sumário

Parte I: A Premissa para uma Visão Viável   15

Capítulo 1. Melhore!   17
Capítulo 2. Visão Viável   23

Parte II: O Novo Sistema de Referência   35

Capítulo 3. Da Complexidade à Simplicidade   37
Capítulo 4. Um Sistema de Referência Mais Simples para a Tomada de Decisões   45

Parte III: Os Componentes da Visão Viável   55

Capítulo 5. *Marketing*   57
Capítulo 6. Operações   65
Capítulo 7. Distribuição: Puxar em vez de Empurrar   75
Capítulo 8. Gestão de Projeto   83
Capítulo 9. A Cadeia de Suprimentos   93
Capítulo 10. Tecnologia de Informação: Necessária Mas Não Suficiente   99

Parte IV: Fazendo Acontecer, Agora e no Futuro   107

Capítulo 11. Adesão: Superando as Camadas de Resistência   109
Capítulo 12. Estratégia   117
Capítulo 13. Colocando em Prática a Mudança de Paradigma   123

Apêndice A: Exemplos Financeiros de Visão Viável   131

Apêndice B: Mais Exemplos de Visão Viável   135

Uma Empresa de Distribuição   135
Uma Empresa de Irrigação por Gotejamento   137
Hospital   139

Apêndice C: Outros Miniexemplos   141

Marketing   141
Operações   144
Distribuição   145
Gestão de Projeto   146

Apêndice D: As Empresas que Adotaram a Teoria das Restrições de Goldratt   149

Bibliografia   155

Índice   157

Parte I

A Premissa para uma Visão Viável

1

Melhore!

"Queremos colocar nossa empresa num processo de contínuo aperfeiçoamento; não podemos fazê-lo se permitirmos que a falta de bom senso governe as pessoas."

"Quando faço a análise de uma empresa, só me dou por satisfeito quando vejo claramente como é possível levá-la a obter, em menos de quatro anos, um lucro líquido equivalente ao seu faturamento."

Conheço apenas uma pessoa no mundo capaz de fazer uma declaração tão arrogante como essa e realmente levá-la a sério; essa pessoa estava sentada no meu quarto de hotel em Nova York. O dr. Eli Goldratt[1], um pensador criativo, conhecido por criar soluções inovadoras para problemas de diversos setores, é alguém por quem tenho grande respeito. Mas mesmo as pessoas espertas e respeitadas às vezes fazem afirmações totalmente descabidas.

Eli e eu estávamos havia uma semana em Nova York discutindo como fazer com que as empresas apresentassem com muito mais rapidez um crescimento exponencial utilizando um conceito poderoso que ele intitulara "Visão Viável". Durante aquela semana, minhas emoções haviam ido do ceticismo ao entusiasmo. Fui tomado pelo entusiasmo quando me dei conta de que, mesmo que não pudesse fazer todas as empresas apresentarem um lucro líquido igual ao seu faturamento em um prazo de quatro anos, a idéia tinha fundamento. A Visão Viável, com sua exclusiva abordagem em relação a clientes e mercados, levaria todas as empresas a um nível de aperfeiçoamento muito superior àquele que eu considerara possível. Lembrei a revolução por mais qualidade empreendida pelas empresas japonesas na década de 1980, exceto que o presente conceito ia muito além.

---

[1] Goldratt é autor de *A Meta*, um *bestseller* que já vendeu milhões de cópias, além de muitos outros, tais como *Corrente Crítica, Necessária Sim Mas Não Suficiente, Não é Sorte, The Haystack Syndrome* e *The Theory of Constraints*.

Mas ali estava eu, duas semanas depois, frente a frente com alguém muito mais cético do que eu – Jordan, alto executivo de uma das maiores empresas de consultoria do mundo. A empresa tinha obtido grande experiência em implantação de tecnologia (em sua maioria sistemas ERP de gestão integrada), mas nos últimos anos essa experiência decaiu rapidamente. E o que é pior, muitos clientes se queixavam de que os milhões de dólares gastos com consultoria e tecnologia não haviam resultado em nenhum benefício.

O trabalho de Jordan era encontrar novas maneiras de proporcionar valor financeiro efetivo para os seus clientes. Eis como ele incialmente reagiu à hipótese de Eli: "Para a empresa normal, você está falando em mais do que dobrar os lucros a cada ano! A maioria dos presidentes de empresas que conheço daria uma boa risada ao ouvir isso. Várias empresas com as quais trabalho atualmente vibram quando conseguem obter um aumento de 10% nos lucros. Goldratt está falando sério?".

"Sim", eu disse calmamente. "Ele está falando absolutamente sério."

"Ele deve estar trabalhando com empresas que têm a cura do câncer ou alguma outra tecnologia revolucionária", disse Jordan, mas eu apenas sacudi a cabeça.

"Jordan, ele está falando em fazer isso mesmo em empresas antiquadas."

Ficamos os dois sentados em silêncio por alguns minutos. Eu sabia que Jordan concordava com o que Eli dizia em se tratando de uma empresa que tivesse alguma inovação fora do comum a oferecer, mas não como abordagem geral. Por fim, Jordan pediu que eu lhe desse um exemplo. "Mas Gerry", disse ele, "que seja uma empresa em sérias dificuldades." Era evidente que ele não estava interessado em ouvir um caso cuja resposta fosse óbvia.

Compreendi sua preocupação, mas ao mesmo tempo eu estava um pouco aborrecido com a observação um tanto maternal para que eu não usasse um exemplo qualquer. Comecei falando do primeiro caso real que Eli me havia descrito. "OK, vejamos um caso que Eli acabou de analisar há pouco tempo. É uma empresa da Espanha que fabrica cabos elétricos e os vende a grandes clientes, como, por exemplo, uma empresa de transporte ferroviário ou uma companhia geradora de eletricidade. Na verdade, a maior parte dos negócios eles conseguem em licitações de grandes projetos."

Jordan comentou com ceticismo: "Isso certamente não se aplica a cada caso que conheço. Mas temos alguns clientes que vendem para grandes projetos."

Sem me deixar perturbar pelas dúvidas de Jordan, continuei: "A concorrência neste setor é acirrada. A empresa sofreu enormemente nos últimos dois anos por causa dos preços em queda, a tal ponto que foi possível empatar as contas."

Jordan me disse que nos últimos anos ele havia escutado várias vezes essas mesmas queixas de clientes seus. Durante o longo ciclo de prosperidade econômica da década de 1990, as empresas de um setor em crescimento aumentavam sua capacidade de produção para atender não só à demanda atual, mas também a um crescimento futuro. Então, veio o terremoto e o chão ruiu sob seus pés. A retração econômica causou uma enorme capacidade produtiva ociosa, forçando uma guerra de preços entre os concorrentes.

Fiz uma pausa para perguntar se o caso que eu estava apresentando parecia bom a Jordan.

"Sim e não", ele respondeu. Eu podia sentir que Jordan se sentia desconfortável com aquele exemplo. Ele continuou: "Concordo que existem inúmeras empresas como essa que você está descrevendo. Mas se Eli prova sua afirmativa de que essas empresas podem dobrar seus lucros a cada ano apresentando uma grande inovação ou substituindo executivos incompetentes, então não acho que o exemplo possa ser relevante para nossos clientes."

Não fiquei ofendido com o seu ceticismo. "Jordan, há anos que você conhece o trabalho de Goldratt e o meu utilizando essa metodologia. Você sabe que ela foi projetada para ser usada com qualquer empresa, não só em casos especiais. Vou lhe dizer exatamente o que Eli descobriu na análise desse caso e você será o juiz. Esta empresa é administrada por pessoal competente. Eles conseguiram cortar gastos, implantaram melhorias em todos setores, conseguiram obter tempos de produção menores que os da concorrência. Eles sabiam da necessidade de encontrar novos clientes, por isso começaram a participar de licitações em muito mais áreas do que antes, mesmo que as perspectivas de sucesso fossem relativamente baixas. Por falar nisso, a solução deles não era a mais barata do mercado e ainda assim eles obtiveram 30% de todas as licitações."

"E o que você me diz de novos produtos?", perguntou Jordan.

"Eles fizeram algum esforço para desenvolver novos cabos, mas este não é um setor como o de alta tecnologia, em que é mais fácil lançar um produto inovador. No caso dos cabos elétricos, pode-se considerar exitoso um novo cabo que seja capaz de gerar um aumento de receita de 2 a 3%. E mesmo com todos os esforços eles continuavam empatando as contas, o que era bem melhor do que alguns concorrentes, que estavam perdendo tudo o que tinham."

Depois de discorrer sobre todos os outros métodos de melhoria que Jordan poderia considerar, ele disse: "Não consigo ver nenhuma saída aparente para esta empresa, a não ser agüentar e esperar até que a economia se recupere. Mas você está me dizendo que Eli comprovou sua teoria com esta empresa? Quer dizer então que você vai me mostrar como ele encontrou uma maneira prática de transformar o lucro líquido real equivalente ao faturamento atual no prazo de quatro anos, *sem que a economia tivesse melhorado*? OK, estou ouvindo."

Nesse momento, eu sentia que Jordan estava sinceramente disposto a escutar a análise de Eli. Mas ele também me disse que esperava que houvesse algo muito fora do comum ou especial em relação à empresa. Pois, do contrário, queria dizer que tanto sua empresa como aquelas com as quais ele trabalhara nos últimos dez anos haviam perdido uma grande oportunidade de melhorar.

Expliquei como Eli iniciou a busca da solução. "Qualquer empresa com apenas 30% de participação de mercado e com capacidade produtiva ociosa deveria em primeiro lugar procurar em seus mercados atuais uma forma de aumentar as vendas. A resposta está em proporcionar mais valor para o cliente. Mas a grande pergunta é a seguinte: Onde está este valor quando se trata de cabos elétricos para grandes projetos? Não pode estar na redução de preços."

A redução de preço é a coisa mais fácil de os concorrentes copiarem, desde que tenham margens e fluxo de caixa para agüentar a guerra. Mas Jordan queria entender por que Eli estava tão seguro de que uma redução de preços não ajudaria em nada.

Expliquei: "Qual você acha que é o custo dos cabos elétricos em relação ao custo de construção de uma nova linha férrea ou na rede elétrica a ser instalada em todo um bairro?"

Jordan tentou adivinhar: "Provavelmente, só uma pequena fração do custo total do projeto?".

"Exatamente", respondi. "Na verdade, isso se aplica a inúmeros clientes de setores que compram materiais para determinados projetos. Se vários fornecedores oferecem produtos similares a um preço praticamente igual, qual o impacto que o preço de seu produto terá para ganhar o negócio?"

"Para o pessoal do departamento de compras poderia ser um fator relevante, mas no que diz respeito ao gerente de projeto, a não ser que haja uma enorme diferença de preço, isso não ajuda em nada", Jordan respondeu.

"Exato!", exclamei. "Assim, se para vencer as licitações você se baseia apenas em preços mais baratos que os da concorrência, suas chances de dobrar os lucros são praticamente iguais a encontrar uma agulha no palheiro. Mas você identificou o foco correto em sua resposta: o gerente de projeto. Vários gerentes de projeto se queixam amargamente sobre *lead time*, principalmente com relação a produtos cujas especificações são mudadas na última hora."

Jordan interrompeu: "Espere aí, Gerry! Antes você me disse que o fabricante de cabos já tinha *lead time*s excelentes. As queixas do gerente de projeto não contradizem o que você disse?".

"Qual é, Jordan! Você sabe que cada projeto está sujeito a alterações de última hora. Nos projetos grandes, o gerente de projeto é constantemente pressionado a renegociar prazos de entrega e muitas vezes até mudanças de especificações com os fornecedores. Ao mesmo tempo, a empresa continua cobrando dele a entrega na data combinada."

"Mesmo que esse fabricante de cabos esteja acima da média do setor em termos de desempenho de *lead time*, ainda assim estamos falando de meses. No entanto, as mudanças nas especificações dos cabos acontecem pouco antes de sua data de entrega. Nenhuma empresa do setor de cabos pode virar sua produção de pernas para o ar toda vez que um cliente telefona para informar mudanças de última hora nos pedidos. Portanto, as alterações são aceitas, mas representam um grande atraso na entrega. Agora você sabe com o que o gerente de projeto tem que lidar?"

Jordan então interrompe: "É, sei por experiência própria. Se os cabos forem peças essenciais e sua entrega atrasar, todo o projeto atrasa. Meus clientes, entre eles construtores de navios e fabricantes de caldeiras a vapor, reclamam que os atrasos na entrega dos materiais podem facilmente significar semanas de atraso no projeto e milhões de dólares em termos de perda de receita e orçamento estourado".

"Exatamente", disse eu. "Portanto, o que o fabricante de cabos precisa dizer aos seus clientes na área de gestão de projeto para fechar esse negócio?"

Jordan deu um palpite: "O gerente de projeto deve ter a liberdade de terminar as especificações dos cabos um pouco antes do prazo de entrega, sem qualquer multa. É óbvio que o fabricante de cabos terá que se comprometer a entregar o pedido num *lead time* bem menor".

"Isso mesmo!", exclamei. "E se você prometer isso para o cliente, eles comprarão de vocês sem restrições?"

Eu aprendera com Eli que simplesmente resolver o problema do cliente, mesmo com uma inovação, não é suficiente para fechar negócio. Se a promessa do fornecedor fosse reduzir o *lead time* em 10%, o comprador provavelmente não teria muitas dúvidas. Mas o compromisso de entregar em menos que a metade do *lead time* normalmente praticado pelo setor não tinha qualquer credibilidade. Jordan respondeu: "Não, Gerry. Qualquer vendedor pode prometer, com a melhor das intenções, um prazo de entrega curtíssimo, mas eu, como gerente de projeto, não colocaria minha credibilidade em jogo por conta da promessa de um vendedor".

Fiquei contente com a resposta de Jordan. "É verdade. Então, fora a sua promessa, o que você tem que fazer, se quiser tornar a oferta atraente?"

Jordan ficou aturdido; por isso, disse a ele qual seria a resposta de Eli – a mesma que eu já havia usado com êxito em outros casos. "Você precisa propor para o cliente, e por escrito, pagar multa, caso ocorra atraso na entrega. Mas tem um gancho aí!"

Lembrei como eu ficara inquieto quando Eli revelou o restante de sua resposta; por isso, observei cuidadosamente a reação de Jordan enquanto eu falava. "Se você se oferecer para pagar uma multa de 10% sobre o custo de cabo, isso mostrará ao gerente de projeto quão baixo é o seu nível de comprometimento. Lembre-se de que o prejuízo para o projeto não está relacionado com o custo do seu produto, mas com o atraso do projeto. Portanto, você deve propor pagar uma multa muito maior, *que mostre que você sabe o prejuízo que o projeto poderá sofrer*. Ofereça abrir mão de 100% de seu lucro sobre o pedido, e o gerente de projeto irá acreditar que você está falando sério."

Jordan ponderou que qualquer gerente de projeto provavelmente acharia essa oferta um sonho! Com uma abordagem dessas, o fornecedor ganharia diversas outras licitações e dobrar os lucros seria uma possibilidade bem real. Melhor ainda, a empresa poderia utilizar a mesma oferta de sucesso em outras regiões do mundo. Ele podia enxergar as chances de confirmar a afirmação de Eli, mas também suspeitava de que ainda permanecia o mesmo grande risco financeiro que eu previra desde o início.

"Gerry, a única forma de uma proposta como essa ser viável é descobrir uma maneira de lidar com o *lead time*. E isso está longe de ser fácil."

"Muito bem", concluí. "Concordo. A logística precisa funcionar às mil maravilhas na maior parte do tempo. Vou mostrar tudo isso para você. Mas primeiro tenho uma pergunta a lhe fazer sobre esse caso: por que esta empresa não conseguiu encontrar a resposta por si mesma? A resposta não se baseia em nada excepcional. No entanto, inúmeras empresas acham que sua situação é tremendamente complexa. A chave..."

Jordan me interrompeu: "Gerry, antes de entrarmos nesse assunto, quero lhe dizer que não estou muito convencido de que a afirmação de Eli se aplique à maioria das empresas. Admito que você deu um exemplo genérico de empresas que vendem para projetos. É verdade que existem muitas empresas assim, mas tenho vários clientes que não se enquadram nesse modelo. Você poderia citar um outro caso?"

"Claro!", exclamei. "Tenho vários. Mas só contarei outro caso se você prometer discutir minha pergunta depois disso!" Como Jordan também queria entender por que os clientes e a empresa dele, com milhares de especialistas em consultoria administrativa, não conseguiam enxergam essas oportunidades, ele concordou.

2

Visão Viável

*"Dentro de toda complexidade existe uma inerente
simplicidade governando o ganho de uma empresa."*

Comecei a descrever a segunda empresa como sendo um outro fabricante de cabos elétricos.

Jordan imediatamente me interrompeu. "Por favor, Gerry! Não me venha com outra história de fabricantes de cabos."

Ah, pensei, a arrogância de certos consultores! Mas, ao mesmo tempo, eu queria uma opinião completa de Jordan sobre os casos; por isso, fiquei atento à sua irritação. Jordan continuou: "Para mim, teste mesmo é ver se esses conceitos funcionam em um negócio bem complexo. Mas, para me convencer, é preciso que você me mostre uma oportunidade de crescimento exponencial em um outro setor e em um outro ponto da cadeia de suprimento".

"Jordan, até agora o conceito foi confirmado em 80% das dezenas de empresas analisadas. O outro exemplo que quero dar abrange três partes da cadeia de suprimento: produção, distribuição e revenda. Isso satisfaz aos seus critérios?"

Ao que Jordan respondeu: "Em parte. Quando falo de complexidade, falo de constantes alterações de produtos com um alto grau de imprevisibilidade, concorrência acirrada, diferentes canais de distribuição e mercados, a Web..."

Interrompi Jordan com um exemplo que achei que iria satisfazer a seus critérios. "Esta empresa é uma grande distribuidora americana no setor de comunicação. As vendas estão em ascensão, mas os lucros são incipientes, por isso ela precisa trabalhar ainda mais para conseguir o mesmo lucro. Ela vende mais de 25 mil produtos exclusivos, 30% dos quais se tornam obsoletos todos os anos. A vida útil de alguns produtos é inferior a seis meses."

"Isso me parece comunicação *sem fio*", Jordan respondeu.

"Exatamente!", concordei. "Mas é mais do que isso. Vai desde telefones celulares a produtos para redes de comunicação, tais como cabos e *modems*, até todos os componentes usados na construção de torres de comunicação. Vários fornecedores são da Europa e grande parte da produção é feita na Ásia. Esse distribuidor tem uma excelente proposta. Ele quer ser um fornecedor completo de seus clientes, atendendo aos pedidos em um ou dois dias e permitindo a devolução de produtos de modo que os clientes não fiquem com os depósitos cheios de artigos obsoletos".

"Qual é a participação de mercado da empresa?", perguntou Jordan.

"Menos de 10%," respondi rapidamente.

Jordan ficou perplexo: "Se eles têm uma proposta tão boa, por que a participação deles no mercado é de menos que 10%?"

Transmiti minha reação imediata a Jordan, para ver se ele tinha a mesma percepção. "O simples fato de ter uma excelente proposta nem sempre se traduz em vendas. A proposta por si só não vende. Às vezes, os vendedores não estão suficientemente bem treinados para vender valor", enfatizei.

"Você está absolutamente certo", Jordan afirmou. "Isso é algo que me incomoda em vários de meus clientes. A resposta então é apenas uma questão de treinar a equipe de vendas adequadamente?"

"Em parte", expliquei. "Esse cliente está fazendo agora um grande esforço de treinamento da equipe de vendas. Sei que isso vai ajudar, mas acho que representará um aumento de vendas de apenas uns 10%; esse não é o tipo de crescimento de lucros financeiros que Eli descreveu. A proposta da empresa não é tão atraente a ponto de ganhar da concorrência."

Jordan concordou com minha previsão, por isso continuei. "Uma proposta de valor mantém você no mercado, mas não é o mesmo que ter uma oferta boa demais para ser recusada pelo mercado. Além disso, antes de abrir a torneira de pedidos, você precisa estar preparado para enfrentar a situação, com a logística a postos para acompanhar os esforços feitos em *marketing* e vendas. Caso contrário, você acaba gerando um monte de pedidos, sem a capacidade necessária para atendê-los. Portanto, antes de anunciar esse tipo de oferta e a logística, quero que você entenda um pouco mais sobre a situação da empresa. O primeiro passo nesse processo foi descobrir qual era a grande restrição da empresa."

Jordan já ouvira falar em gestão de restrições, por isso perguntou: "Eles têm capacidade de atender a mais pedidos, ou a expansão está limitada por causa das instalações internas?"

"Eles recentemente abriram mais um gigantesco centro de distribuição", eu disse. "No total, eles têm capacidade para atender a muito mais pedidos."

"E quanto a dinheiro em caixa?", ele perguntou.

"Muitos distribuidores estão no mesmo barco", respondi. "Dinheiro em caixa é uma mercadoria muito preciosa. Este novo centro de distribuição consumiu uma grande soma das reservas de caixa, mas eles não estão tendo dificuldades para pagar os salários. Não estão utilizando toda a sua linha de crédito, mas não têm dinheiro sobrando."

Jordan especulou: "Então, para atingir um crescimento exponencial, parece que eles precisam encontrar um ponto de alavancagem na cadeia de suprimento e provavelmente no mercado. Eles precisam tirar partido desse ponto de alavancagem sem ter que gastar muita grana."

"Exatamente", concordei. "Eles poderiam crescer abrindo outras lojas, mas isso não faria o lucro líquido igualar-se ao faturamento em quatro anos. E, com os atuais níveis de estoque, seria uma grande sangria de dinheiro."

Jordan perguntou: "Que tipo de clientes eles têm?"

Continuei: "Este distribuidor tem diversos tipos de cliente. Um dos maiores mercados para produtos de comunicação são as grandes empresas e os órgãos públicos. A maioria dessas empresas compra produtos similares de forma contínua. O distribuidor também vende para pessoal que faz projetos, tais como departamentos de informática que instalam novas redes ou empreiteiras que constroem torres de comunicação. Seu terceiro maior mercado são os lojistas – lojas de venda direta ao consumidor. A concorrência é acirrada. Toda vez que há recessão de mercado, os fabricantes começam a vender diretamente, concorrendo com seus próprios distribuidores."

"Com quantos fornecedores ele trabalha atualmente?", Jordan perguntou.

Respondi: "Centenas. E todas as semanas os vendedores recebem pedidos de produtos com os quais eles não trabalham. Alguns desses produtos não estão na pauta dos fornecedores atuais, de modo que o departamento de compras está constantemente sofrendo pressão para encontrar novas fontes de suprimento. O gerente do centro de distribuição está ficando quase maluco para conseguir encontrar espaço para todos esses novos produtos."

"Espere aí!", Jordan interrompeu. "Pensei que você tivesse dito que eles haviam aberto um novo centro de distribuição. Então como é que eles estão ficando sem espaço?"

"Eu disse que 'de modo geral' eles estão com excesso de capacidade. O novo centro de distribuição fica na região oeste dos EUA e atende àquela parte do país. O centro de distribuição original está estourando com tantos produtos novos. Há cinco anos, eles tinham metade dos produtos! Ao mesmo tempo em que esse centro de distribuição está com problemas de espaço para os novos produtos, cerca de 20% das referências em estoque não têm tido saída nos últimos seis meses. Agora você pode entender por que chamo isso de um negócio complexo?"

Jordan disse que eu estava certo. Falamos ainda sobre como o distribuidor tentou negociar com todos os seus fornecedores individualmente, para melhorar os prazos e garantir que os compromissos assumidos fossem cumpridos. Porém, com o número limitado de funcionários do setor de compras e o crescente número de fornecedores, isso estava ficando cada vez mais difícil. Eles também geravam diariamente um grande número de pedidos fora do comum, ou seja, quando o *lead time* havia sido mudado pelo fornecedor e quando ocorriam flutuações na demanda de diversos artigos. E para completar, havia constantes pedidos de novos produtos. A complexidade causada por tudo isso era demais.

O que eu descrevia para Jordan era uma constante guerra entre o departamento de vendas e o centro de distribuição. Toda vez que o setor de vendas perdia um pedido, eles apontavam o dedo acusando o centro de distribuição por não ter o produto disponível na hora de atender ao pedido do cliente. Por sua vez, o gerente do centro de distribuição acusava o departamento de compras por não estabelecer relacionamentos com novos fornecedores em tempo hábil e por não exigir que os fornecedores atuais cumprissem com seus compromissos. O departamento de compras, por sua vez, acusava o departamento de vendas por não vender a proposta de valor da empresa e por não convencer os clientes a substituir os itens pedidos por itens já em estoque.

Todas as alternativas aventadas por Jordan para ajudar esse cliente, como por exemplo estocar um número mais diversificado de artigos ou fazer um trabalho junto a todos os fornecedores para melhorar os prazos e o desempenho, eram de uma enorme complexidade. Ignorar as exigências dos clientes por novos produtos também tinha graves implicações para a empresa. Por fim, Jordan disse: "A equipe administrativa deve sentir-se bastante desencorajada. Eles parecem ser pessoas inteligentes, mas, pelo que você descreve, eles trabalham cada vez mais apenas para empatar as contas, o que deve ser muito frustrante!"

Eu devo ter gritado minha resposta, pois as pessoas sentadas ao redor começaram a olhar agitadas. "É por isso que Eli busca uma forma viável de igualar o lucro líquido às receitas atuais no prazo de quatro anos. A empresa precisa ter uma Visão Viável com a qual a diretoria e seus altos executivos possam se entusiasmar!"

"Uma Visão Viável?", Jordan murmurou, enrugando a testa. "É como aquelas idéias de reduzir o *lead time* na empresa do fabricante de cabos de força?"

"Não são só idéias!", retruquei. "Como a empresa pode alcançar uma meta tão alta? Qual é o mecanismo? O que vai tornar sua oferta ao mercado boa demais para ser recusada? Por que seus concorrentes não conseguirão copiá-la facilmente? Que mudanças logísticas precisam fazer parte da solução para poder alcançá-la? Como você pode começar a colher os frutos já em seis meses, e não apenas daqui a cinco anos? O que cada uma das áreas funcionais da empresa precisa fazer para ajudar a alcançar a visão? Você consegue vislumbrar quanta energia isso exige da diretoria da empresa, se todos concordarem com a Visão Viável? Ela substitui a esperança e as preces para que a economia mude logo ou que os clientes passem a se comportar de forma previsível! Ela sintoniza a equipe administrativa com uma meta emocionante, com um entendimento integral do papel de cada um nesse processo."

Continuei com a descrição de Eli sobre como abordar essa Visão Viável. "A empresa tem capacidade interna para atender a um maior número de pedidos, mas ao mesmo tempo apresenta problemas de espaço em um de seus centros de distribuição. O que é relativamente fácil de solucionar. A primeira coisa a fazer quando se está no buraco é parar de cavar. As tendências mostram quais os itens não estão girando no estoque ou cuja demanda está caindo. Assim, no caso deste distribuidor, o primeiro passo é fazer com que seu departamento de compras não faça novos pedidos destes itens às cegas quando for atingida a quantidade mínima, como o sistema ERP deles estava dizendo. Os itens sem giro no estoque foram devolvidos aos fornecedores ou liquidados. Em poucas semanas, eles haviam liberado 20% da capacidade do depósito e parte de dinheiro em caixa".

Jordan disse: "Essa foi uma medida inicial bastante óbvia". Quando se dá uma resposta a um consultor, ela sempre é "óbvia" para ele. Mas, se era tão óbvia, por que o distribuidor não a concebeu por si mesmo? A resposta está na métrica atuante em cada área funcional[1]. Entretanto, decidi reservar essa discussão para mais tarde. Ignorei o comentário de Jordan e afirmei: "Vamos começar analisando os três mercados deste distribuidor. Antes de falar sobre ofertas atraentes para esses mercados, é preciso fazer com que eles não desperdicem o que já têm."

---

[1] Veja nos Capítulos 3 e 4 uma discussão sobre métrica.

Jordan exclamou: "O que você quer dizer com desperdiçar?".

Então expliquei: "Como um distribuidor, sempre que um cliente vem até sua porta e você não tem o que ele quer, ele vai procurar em outro lugar. Se isso acontecer mais de uma vez, então a probabilidade de que você perca seu cliente por um bom tempo é grande. Depois de todo o esforço de *marketing* e vendas para trazer um cliente em potencial até a sua porta, eu acho um desperdício deixá-lo ir embora sem fechar o negócio."

Jordan considerou: "Entendo. Você sabe quantos dos 25 mil itens, em média, estão em estoque?"

Eu tinha os dados na ponta a língua: "Dos 25 mil itens listados no catálogo, eles na verdade se comprometem a ter em estoque uns 17 mil, dos quais cerca de 15.500 normalmente estão em estoque".

Disse a Jordan que, baseado em minha experiência com situações parecidas, este distribuidor provavelmente estava perdendo cerca de 30% de potencial de vendas por ano devido a itens em falta. "Com sua média de 20% de margem bruta, este cliente teria mais 20 milhões de dólares em resultados, a quadruplicação do lucro líquido, se eles pudessem manter um estoque maior dos itens de maior saída."

"Mas eles jamais serão 100% perfeitos!", Jordan protestou.

"É verdade, e nossa expectativa não é essa. É normal que os distribuidores tenham artigos em falta a uma taxa de 5 a 10% de toda a sua pauta de produtos. Em geral, isso se deve à prática tradicional de fazer as encomendas com base em previsões que nunca se realizam e de repor estoques quando o nível atual atinge o mínimo[2]. Outro erro grave é juntar pedidos em lotes. Isso significa atrasos nos prazos de entrega. (O departamento de compras do distribuidor também tinha de lidar com um grande número de exceções; assim, eles não conseguiam identificar as maiores ameaças à sua receita e nelas concentrar a atenção.)"

"Qual a outra maneira de fazê-lo?", Jordan perguntou.

"É verdade que precisamos de algum tipo de previsão ou cálculo para determinar os níveis iniciais de estoque para cada artigo. A partir daí, queremos três coisas:

1. que cada parte da cadeia de suprimento reaja com bastante rapidez a mudanças de demanda por parte do consumidor final;
2. ao mesmo tempo, reduzir estoques ao longo da cadeia de suprimento; e
3. criar uma oferta incrivelmente atraente para os três mercados que descrevi anteriormente.

Comecemos pelo mercado número um do distribuidor, os clientes institucionais que compram de forma contínua. O que levaria um cliente institucional a preferir este distribuidor a outro que oferece a mesma marca e preço?"

---

[2] Veja no Capítulo 7 mais uma explicação. Veja também em *TOC Insights em Distribuição*, na Bibliografia, uma explicação bem detalhada.

Jordan respondeu: "A maioria dos compradores institucionais que conheço é movida por custos e disponibilidade. É daí que vêm as métricas deles, principalmente quando compram um produto de marca".

"Tudo o que você disse está correto", respondi, "mas você ainda não respondeu à minha pergunta de forma explícita. Este distribuidor mantém um estoque equivalente a cerca de sete semanas. Ele tem disponibilidade de produto em praticamente 90% das vezes. Os preços dele não são os mais baixos, mas são razoavelmente competitivos. Portanto, o que você irá oferecer aos clientes institucionais, além de preço competitivo, disponibilidade de estoque da maioria dos produtos e um rápido atendimento de pedidos?"

Jordan ficou calado por alguns minutos, avaliando a pergunta. Por fim, respondeu: "Não tenho a menor idéia".

Então mostrei-lhe quão complexo é o setor de comunicações, do ponto de vista do pessoal especializado de suporte e dos compradores institucionais que dão suporte aos clientes de alta tecnologia. "Os compradores estão sempre reclamando que os usuários fazem pedidos de última hora, que têm que pagar altas taxas de frete urgente ou pesquisar produtos, descobrir falhas aqui e ali e ter que esperar muito além da data de entrega de que o usuário precisa. Seja como for, os compradores são prejudicados por suas métricas institucionais."

"Isso soa como se esses compradores se vissem entre a cruz e a espada", disse Jordan.

"É isso aí", concordei com ele. "E por que não deixar em consignação na loja aqueles produtos de maior saída? Assim que tiram um item, a ordem de compra é emitida automaticamente e o item é reposto. Dessa forma, eliminam-se aquelas despesas com frete urgente. O *lead time* é zero. A reação às mudanças de demanda é imediata. E, ao estocar somente aquilo que se utiliza repetidamente, chega-se muito mais perto de igualar o estoque à demanda. Será que essa oferta é suficientemente boa para atrair novos consumidores e mais compradores institucionais para seu cliente?"

Jordan não hesitou em concordar. "O que impede outros distribuidores de fazer o mesmo ou copiar essa abordagem?"

Respondi: "Minha experiência me diz que os concorrentes demoram tanto para mudar suas práticas tradicionais que até mesmo idéias simples, sem envolver mudança de política, conseguem manter sua vantagem competitiva por mais de cinco anos. Embora represente uma pequena mudança na logística, essa abordagem é uma grande mudança de política. A primeira reação que os distribuidores provavelmente terão em relação a essa idéia é: 'Você está maluco? Minhas margens já são pequenas. Não posso me dar ao luxo de entregar meu estoque em consignação para os clientes. Vou à falência por causa de roubos e por falta de pagamento'".

Jordan perguntou: "Mas esta não é uma preocupação real?"

"Claro!", eu disse. "É por isso que a logística de manutenção e reposição de estoques deve ser simples e funcionar perfeitamente. Tudo isso faz parte daquilo que torna uma visão viável. E vou explicar esses detalhes mais tarde. Mas o que estou dizendo é que os concorrentes não vão nem chegar até o estágio de tentar descobrir qual é a logística e ver se ela funciona. Pela minha experiência, eles param na mudança de política e desistem da idéia nesse estágio."

Jordan aceitou a resposta, embora eu pudesse ver que ele estava um tanto cético quanto aos concorrentes alcançarem outra empresa e copiar a solução. O que ele precisava era ler alguns estudos de caso para ver se, mesmo para soluções implementadas em meados da década de 1990, a concorrência não estava copiando a abordagem[3].

Expliquei que o segmento de mercado seguinte eram os lojistas. No ramo da tecnologia sem fio, os lojistas sofriam bastante por causa de grandes estoques de produtos errados e estoques constantemente esgotados daqueles produtos de maior saída.

Comentei com Jordan: "É possível fazer com que esses lojistas economizem muito dinheiro em termos de custos de estoque e menor obsolescência. No entanto, creio que o maior impacto que este distribuidor causará em seus clientes do varejo é sobre a receita da loja. O distribuidor pode ter grande impacto sobre o resultado financeiro do lojista".

Jordan confessou que tinha uma grande dúvida: "Se você vai me dizer que o distribuidor precisa despachar mercadorias com uma maior freqüência, eu não concordo. Fiz um estudo no ano passado e descobri que em muitos casos isso custa ao distribuidor muito mais caro, sem que ele seja compensado pela redução dos custos de manutenção de estoques".

"Sua análise está correta, mas a conclusão, não. Há dois outros elementos fundamentais a considerar. Primeiro, o distribuidor não precisa necessariamente fazer remessas mais freqüentes. O que muda é a configuração da remessa. Em vez de despachar grandes quantidades de alguns poucos produtos, ele envia quantidades menores de uma grande variedade de produtos. Se o lojista encomendar os produtos certos, isso reduzirá os casos de falta de produtos, aumentando o ganho do lojista."

"O.k., eu concordo", disse Jordan. "Mas você não refutou minha conclusão de que o distribuidor não deveria fazer remessas com maior freqüência."

"É verdade", admiti. "No entanto, em sua análise você disse que comparou os custos mais altos de remessa com a economia de custos de manutenção de estoques. Você também precisa analisar o aumento de ganho ao longo da cadeia de suprimento resultante da reposição mais freqüente de estoque. O impacto sobre o ganho normalmente supera em muito a economia de custos de manutenção de estoque. Na verdade, existem seis maneiras diferentes de aumentar o ganho em um sistema puxado, um sistema que repõe exatamente aquilo que o consumidor final comprou. Mas não vou entrar nesse assunto por ora"[4].

Expliquei a Jordan que uma maneira é fazer o lojista cortar quantidades artificialmente altas de pedidos, cuja intenção é cobrir semanas ou meses de estoque. Para

---

[3] Veja Gerald I. Kendall, *Securing the Future*, St. Lucie Press, Boca Raton, FL, 1997; Gerald I. Kendall, *Advanced Project Portfolio Management and the PMO*, J. Ross Publishing, Boca Raton, FL, 2003.

[4] As seis maneiras de aumentar o ganho estão descritas em detalhe no Capítulo 7.

isso, o distribuidor deve convencer seus lojistas a fazer pedidos com maior freqüência. O mais surpreendente é que é muito mais fácil para o lojista fazer pedidos diários do que uma vez ou duas ao mês. O sistema puxado mais simples que já vi em funcionamento é fazer diariamente pedidos de reposição na quantidade exata das vendas do dia anterior. Para os lojistas que não têm sistemas informatizados que processam automaticamente essas transações, o sistema foi implantado de modo que a loja passe diariamente os pedidos por fax ou telefone ao fornecedor. Em um dos casos, o lojista simplesmente passava por fax a cópia de suas notas fiscais de venda.

Prossegui: "O distribuidor não tem necessariamente que fazer remessas diárias. No entanto, eles remetem os pedidos de tal forma que o lojista tem estoque de reposição a caminho depois de poucos dias de sua encomenda. Por isso, o lojista dificilmente fica sem estoque e, quando isso acontece, é apenas por poucos dias. Na verdade, de modo geral o lojista tem uma quantidade muito menor de cada artigo na loja, mas suficiente para atender às flutuações normais de demanda de curto prazo e ficar garantido durante o tempo gasto no transporte. É possível também que um de seus pedidos esteja sendo completado lá no centro de distribuição e que um ou mais estejam a caminho dentro do sistema de transporte. O estoque total da loja é cortado pela metade, e o estoque total na cadeia de suprimento também cai, geralmente em mais de 25%. O distribuidor agora está 100% sintonizado com as necessidades do cliente, em vez de ficar empurrando meses de estoque para cima dos lojistas. Com a implantação do sistema puxado, o distribuidor duplica o movimento e ao mesmo aumenta o desempenho do lojista."

Jordan refletiu um pouco sobre essa abordagem e finalmente perguntou: "O que faz o lojista acreditar que ele realmente se beneficiará com isso?".

"Ótima pergunta", observei. "Em primeiro lugar, o distribuidor faz ao lojista uma oferta boa demais para ser recusada. Ele garante que o lojista irá cortar pela metade o estoque atual de produtos. Em segundo lugar, o lojista precisa entender o suficiente dessa logística para perceber que, embora o estoque caia, as vendas aumentam. A equipe de vendas do distribuidor precisa mostrar isso de forma muito clara. É óbvio que com um estoque menor para bancar as vendas o lojista tem mais dinheiro em caixa para usar a fim de aumentar a variedade de artigos à venda, o que é uma das chaves para incrementar o ganho de forma exponencial. Para isso, o distribuidor tem uma excelente resposta para o lojista – outros produtos a oferecer-lhe."

Jordan analisou o assunto por alguns minutos. À medida que discutíamos mais detalhadamente a questão da logística[5], ele não conseguia encontrar nenhuma falha de raciocínio. Para o terceiro segmento de mercado, os clientes que executam projetos, ele conseguiu traduzir a oferta que discutimos anteriormente do fabricante de cabos elétricos. Jordan ainda tinha uma outra importante questão que o incomodava bastante. "E quanto aos fornecedores? A maioria deles é tão pouco confiável..."

---

[5] Veja o Capítulo 7 para mais detalhes e a obra *TOC Insights em Distribuição*, listada na Bibliografia. Veja também o Apêndice A, exemplos financeiros.

Expliquei: "É complexo demais tentar lidar com todos os fornecedores ou mesmo com cem deles. A resposta mais simples é analisar o histórico de transações do fornecedor, digamos nos últimos meses, do ponto de vista de ganhos perdidos devido a falta de estoque. Veja quantas vezes um determinado fornecedor fica sem estoque, por quanto tempo e quanta receita foi perdida por conta disso. Com essa abordagem, identificamos os melhores fornecedores que o distribuidor deve influenciar para causar o maior impacto sobre sua receita. Normalmente são duas dúzias de fornecedores no máximo. O distribuidor pode escolher cinco deles para começar a trabalhar. Mas, munido de informações adequadas de auditoria, existe uma importante diferença no modo como o distribuidor deve abordá-los. O distribuidor compartilha com o fornecedor os resultados de auditoria, mostrando-lhe quanta receita foi realmente perdida por causa de faltas de estoque. A experiência mostra que, quando o fornecedor vê os dados, fica bastante motivado para trabalhar junto com você, a fim de resolver o problema. Mas mesmo que ele não possa reagir imediatamente, há uma coisa que o distribuidor pode fazer imediatamente com os fornecedores".

Jordan esperou impaciente por minha sugestão.

"O distribuidor pode pedir aos seus melhores fornecedores para que aceitem pedidos diários. Minha experiência mostra que quase todos os fornecedores não vêem problema nenhum nisso. Usando os mesmos princípios de reposição de estoque que usa com os lojistas, o distribuidor pode agora reduzir consideravelmente seus estoques. Ao implantar um sistema puxado com os melhores fornecedores, o distribuidor terá uma menor quantidade de estoque por artigo, com alguns pedidos sendo processados pelo fabricante e outros a caminho na cadeia de transporte. Com essa abordagem, o *lead time* do pedido cai de várias semanas para poucos dias."

Jordan teve uma idéia e perguntou: "Gerry, tudo isso não seria bem mais simples se fosse feito por intermédio de um sistema informatizado integrado entre fornecedores, distribuidores e lojistas?"

Pensei com cuidado nesse aspecto, uma vez que diversas empresas mostram-se frustradas com seus sistemas informatizados. "Jordan, estou certo de que você sabe quantos anos de esforço são necessários para que as empresas implementem um sistema ERP em uma única empresa. O que você acha que acontece quando se tenta fazer uma integração total entre um distribuidor e um de seus fornecedores, principalmente quando, em época de vacas magras, eles competem entre si, cada qual com suas políticas e indicadores? É complexo demais. Isso me lembra a história do gênio na praia. Eu já não lhe contei esta?"

Jordan meneou a cabeça.

"Um homem caminhava pela praia na Califórnia quando encontrou uma lâmpada. Ao esfregar a lâmpada, de dentro dela saiu um gênio furioso que disse: 'É a quarta vez neste século que sou incomodado pelas pessoas. Estou farto disso. No entanto, já que estou aqui, você tem direito a um pedido, mas que seja bem simples'."

Depois de pensar por alguns minutos, o homem disse ao gênio que ele havia sonhado a vida inteira em conhecer o Havaí, mas que tinha medo de voar. Ele também não gostava de viajar de navio, porque se sentia enjoado. Será que o gênio poderia construir uma ponte da Califórnia até o Havaí?

O gênio ficou furioso. "Você tem idéia do comprimento que essa ponte teria que ter, de quantos pilares eu teria que colocar através do oceano, de como é complicado fazer uma coisa dessas? Eu disse para pedir algo simples."

O homem pensou mais um tempo e disse: "O.k. Ao menos uma vez na vida eu gostaria de entender a minha esposa". O gênio olhou para o homem e prontamente respondeu: "Com uma ou duas pistas?".

Jordan riu e eu finalizei: "A solução de distribuição de Goldratt alinha a cadeia de suprimento. É uma solução muito mais simples e dá resultados mais rápidos do que os sistemas informatizados totalmente integrados. E, caso as empresas tenham de implantá-los no longo prazo, a solução de distribuição lhes dará o fluxo de caixa, o tempo e os lucros necessários para custeá-los".

Graças ao trabalho de Eli, eu havia dado dois exemplos em que era totalmente possível fazer uma empresa atingir um lucro líquido igual ao atual volume de vendas dentro do prazo de quatro anos. Os exemplos se aplicavam a qualquer empresa com restrições de mercado que vendesse para projetos ou mediante distribuidores. Jordan podia extrapolar a abordagem para outras empresas afetadas por um volume insuficiente de vendas.

De repente, Jordan lembrou-me de algo que eu havia começado a dizer anteriormente. "Gerry, você perguntou há pouco por que essas soluções não eram óbvias para os executivos das empresas".

Respondi: "Hoje em dia, muitos executivos trabalham achando que a forma de lidar com a complexidade é dividir o sistema em partes menores. Com isso, é muito comum que se procurem melhorias individuais em cada área funcional. Vejo isso em abordagens como Produção Enxuta, Seis Sigma e outras, usadas para diminuir as variações por toda parte – o que é um esforço gigantesco. Essas técnicas são excelentes. Minha pergunta é: podemos aplicá-las com um menor esforço e obter resultados muitos melhores?".

Nos dois exemplos de Visão Viável, as empresas reduziram bastante o desperdício. No entanto, em ambos casos isso ocorreu de forma natural, pela eliminação do estoque excessivo que impedia o ganho. Isso também teria reduzido a obsolescência de forma drástica.

Continuei: "A hipótese de Eli, aquela que ele usa para encontrar respostas em todos os casos, é que *dentro de toda complexidade existe uma inerente simplicidade governando o ganho de uma empresa*. Não se pode dividir o sistema em partes para encontrar essa simplicidade. Na verdade, o oposto é verdadeiro. Para conseguir rapidamente dar um grande salto em termos de desempenho, é preciso olhar para a empresa como um sistema global. Isso é essencial para encontrar o ponto maior de alavancagem para a melhoria. Então, para efetuar a alavancagem, é preciso focar todas as áreas funcionais em um único movimento holístico de aperfeiçoamento em direção a uma Visão Viável. Se você não tem uma Visão Viável, o que tem não passa de um monte de projetos de aperfeiçoamento".

Resumo e Próximo Passo

A maioria das empresas hoje em dia lida com a complexidade dividindo a empresa em partes pequenas e "administráveis" (funções, subdivididas em departamentos) e buscando melhorar cada parte em separado. Uma vez que quase todas as áreas funcionais são centros de custo, é natural que o foco seja reduzir custos dentro de sua área local. Em vez de melhorar a empresa, essa abordagem normalmente gera enormes problemas.

Para atingir a amplitude de resultados descritos por Eli Goldratt, temos de estabelecer uma Visão Viável utilizando um novo sistema de referência para administrar a empresa. Esse novo sistema de referência lida com a complexidade identificando a simplicidade inerente, ou seja, o ponto de alavancagem. A premissa básica é que o aumento de ganho de um sistema é governado por alguns poucos fatores apenas. Esses poucos fatores regem a simplicidade inerente. Quando se aceita essa premissa, a grande pergunta é: quais são os fatores nos quais a equipe administrativa deve centrar todo o esforço de melhoria para obter os melhores resultados? A base para tal abordagem será construída no próximo capítulo.

Parte II

O Novo Sistema de Referência

3

Da Complexidade à Simplicidade

"Quanto mais complexo o problema, mais simples deve ser a solução, caso contrário não irá funcionar!"

Introdução

A maioria das empresas lida com a complexidade dividindo sua organização em partes funcionais e exigindo que cada parte encontre uma maneira de aperfeiçoar-se sozinha. Para simplificar, chamaremos isso de abordagem "silo". Antes de correr para trocar essa abordagem por outra, é preciso entender por que ela impede que a empresa alcance a Visão Viável e por que é incapaz de melhorar sua organização como um todo.

MELHORE!

Uma das palavras mais temidas do atual vocabulário gerencial é proferida como uma ordem: MELHORE! A reação muitas vezes se manifesta da seguinte maneira:

- *Estou totalmente sobrecarregado consertando os problemas causados pela mais recente campanha de aperfeiçoamento. Deixe-me em paz. Ou...*
- *O que você quer que eu faça, dar conta das minhas responsabilidades operacionais ou trabalhar em projetos de aperfeiçoamento? Não tenho tempo para fazer as duas coisas. Ou...*
- *Outra vez? Lá vem outro programa do mês!*

Com essas reações típicas, qualquer executivo que tente inciar um esforço de melhoria, mesmo que pequeno, raramente é saudado com entusiasmo. Uma vez que os executivos de todas as partes do mundo estão em concorrência acirrada com outras áreas funcionais a fim de obter os recursos necessários para realizar melhorias, não é de admirar que esse imperativo de aperfeiçoamento intensifique ainda mais as batalhas interfuncionais! Mesmo quando o gerente conclui com êxito sua parte no projeto de melhoria, ele fica frente a frente com outras áreas funcionais e empresas (fornecedores, distribuidores, lojistas) que não fizeram a sua parte. Isso diminui ou invalida totalmente os resultados.

A tensão entre as áreas funcionais não se restringe a esforços de aprimoramento. Ela penetra no âmago do processo diário de tomada de decisão e na avaliação da eficiência gerencial dentro da empresa como um todo. Vejamos um caso real:

> Um gerente de compras recebeu a ordem de "melhorar". Então, ele decidiu reduzir o custo das matérias-primas que a empresa comprava. E implantou em diversas áreas-chave da empresa a troca de mercadorias importadas por produtos muito mais baratos de fornecedores locais. O gerente alegou que com isso economizava por ano, em custos de material, 70 milhões em moeda corrente de Bangladesh, o equivalente a 1,3 milhão de dólares.
>
> Como as linhas de produção não tinham capacidade de atender à demanda do cliente, o gerente de produção da mesma empresa estimava que os problemas de material estavam custando à empresa bem mais do que US$ 80.000 *por dia* em termos de ganho perdido. A tal velocidade, a economia anual no setor de compras esvaía-se a cada *duas semanas*. Pode-se imaginar que a relação entre aquelas duas áreas não era exatamente das melhores.

A Regra de Adição

Os conflitos entre áreas funcionais são estimulados pela abordagem silo, mediante a qual a empresa avalia cada silo individualmente, em relação às melhorias obtidas. Tratando-se de um centro de custo (p. ex., compras, produção, engenharia), melhorar naturalmente significa dar atenção à redução de custos ou a uma maior eficiência dentro do seu silo.

Nesse sistema de referência, os custos obedecem à regra "de adição". Somados, os custos de cada silo equivalem ao custo total da empresa. Por isso, os gerentes encaram qualquer redução de custo em sua área como "boa", pois para eles isso representa uma economia direta para a empresa como um todo. Nesse sistema de referência, há um esforço concentrado para atacar custos e desperdício em toda a organização. Tal abordagem funcionaria muito bem se houvesse recursos ilimitados e os custos obedecessem à regra de adição. Já sabemos que todas as empresas possuem recursos limitados. *E quanto à regra de adição?*

É verdade que, se congelarmos uma empresa no tempo e analisarmos os custos de cada departamento, estes serão iguais aos custos totais naquele instante. Por isso, os custos obedecem, sim, à regra de adição. No entanto, relembrando o exemplo do departamento de compras citado anteriormente, o oposto é verdadeiro em relação a mudanças nos custos. Estas *não* obedecem à regra de adição.

O exemplo ilustra claramente que o custo de uma melhoria realizada em uma área funcional muitas vezes tem um impacto significativo em outras partes da empresa e mesmo em outras organizações. Na maioria das empresas, os gerentes não entendem totalmente, e portanto não levam em conta, o impacto exercido por seus atos sobre todas as outras partes da cadeia de suprimento. Porém, sem esse entendimento é impossível aos gerentes tomar boas decisões sistematicamente.

Ainda assim, o efeito final é pior do que tomar ocasionalmente decisões ruins. Aplicando a regra de adição como arcabouço, as áreas funcionais são estimuladas a operar como silos. Fica praticamente impossível para a empresa identificar, e muito menos controlar, um ponto de alavancagem no qual todas as áreas funcionais trabalham juntas, como ilustram os exemplos a seguir.

Contabilidade de Custos: Antialavancagem

Como Johnson e Kaplan escreveram de forma muito elegante em seu livro *Relevance Lost*, "Um sistema de contabilidade gerencial ineficiente pode minar os esforços mais primorosos de desenvolvimento de produto, aperfeiçoamento de processo e *marketing*"[1]. Gostaria apenas de acrescentar que ele mina também a capacidade de conseguir uma alavancagem de melhoria entre áreas funcionais. É essencial que os altos executivos entendam que mudar seu sistema de avaliação faz parte da meta de alcançar a Visão Viável.

Exemplo 1 de distorção em contabilidade de custos: avaliação do sistema como um todo

Uma das grandes distorções na contabilidade de custos é a forma de medir o desempenho do sistema como um todo. Apenas para dar um exemplo, pergunte-se por que as empresas de setores diversos – tais como comunicações, indústria automobilística, computadores – continuam produzindo a todo vapor, mesmo muito tempo depois de o consumidor final ter parado de comprar seus produtos. Uma das razões é que a contabilidade de custos mede o silo de produção em termos de eficiências, estimulando-o à utilização máxima de seus recursos. Quanto mais alta a utilização de maquinário e mão-de-obra, maior a eficiência reportada. A contabilidade de custos também lista os altos estoques decorrentes disso na coluna de "ativo" do relatório financeiro da empresa, lançando ainda esses estoques tão onerosos como lucros, artificialmente mais altos pela redução do custo de mercadorias vendidas[2].

---

[1] Thomas H. Johnson e Robert S. Kaplan, *Relevance Lost, The Rise and Fall of Management Accounting*, Harvard Business School Press, Boston, 1991, 1991, p. 4.

[2] Com a distorção da contabilidade de custos, quando a empresa apresenta, ao final de um determinado período, um estoque maior do que no início, o custo dos produtos vendidos (que inclui a diferença entre estoque inicial e final) parece cair artificialmente.

Além disso, quando alguma empresa da cadeia de suprimento consegue repassar seu estoque (por exemplo, no caso de fabricantes de automóveis, seriam as concessionárias, ou seja, o elo seguinte da cadeia de suprimento) no curto prazo, o sistema de referência de custos faz os resultados parecerem bons ao lançar essas transferências como vendas. No entanto, *enquanto nenhum cliente final tiver efetuado alguma compra, nenhuma empresa da cadeia de suprimento terá feito qualquer venda.* Os estoques na cadeia de suprimento podem estar bem acima do nível necessário para satisfazer à demanda do consumidor final. O fato de o estoque ter sido lançado como "venda" na conta de resultados é uma grande distorção. É o fabricante que agora precisa oferecer incentivos aos consumidores, reduzindo seu próprio lucro e o lucro da concessionária e prejudicando as vendas do modelo do ano seguinte. Na verdade, a cadeia de suprimento inteira acha-se em uma situação pior que a de antes – ao contrário do que informa o atual sistema de referência, ou seja, a contabilidade de custos...

Hoje, quer uma empresa utilize a contabilidade de custos tradicional ou aquela que costuma substituí-la, a contabilidade baseada em atividade, as distorções referentes aos custos apropriados ainda são válidas. Tais distorções significam mais uma tentativa infrutífera de lidar com a complexidade dividindo um sistema em partes menores e tentando otimizar os processos dentro de cada parte.

As distorções são tão subjetivas que até se conta uma piada com freqüência no meio contábil: quando se pergunta a um contador "Quanto custa isto?", ele responde: "Quanto você quer que custe?". Não estamos culpando os contadores pelas distorções; eles estão sempre buscando novas formas de ajudar os gerentes a tomar decisões mais eficientes. Pelo contrário, estamos apenas mostrando as distorções arraigadas nos sistemas atuais.

Exemplo 2 de distorção em contabilidade de custos: avaliação de opções de terceirização

A contabilidade de custos, como forma de administrar a complexidade, pode levar a empresa a acreditar erroneamente que a terceirização trará um maior custo-benefício. Isso ocorreu tanto na terceirização de parte da produção quanto na terceirização de serviços, como o de informática. Com a alocação de custos, a empresa considera o "custo" por peça produzida, por exemplo, como o custo real de matéria-prima mais o custo *alocado* de mão de obra e outros custos indiretos. Quanto mais você aloca, tanto melhor parece a opção de terceirização. Muitas vezes, as alocações de custos são feitas de modo muito subjetivo, sem que se entenda realmente o impacto causado na empresa como um todo.

Por exemplo, quando o gerente decide transferir a produção de uma peça para um fornecedor externo, muitos dos custos alocados na verdade não desaparecem. Se 10% do tempo de um trabalhador for alocado para produzir uma peça e essa peça for terceirizada, o operário terá uma redução de 10% em seu salário? Óbvio que não. Será que os 10% de depreciação da máquina que antes produzia aquela peça desaparecerão? De jeito nenhum! E quanto à energia elétrica e outras despesas operacionais da fábrica? Embora possa haver uma certa redução, ela não chega nem perto daquilo que foi alocado para as peças individualmente.

Ao mesmo tempo que parte dos custos alocados não se concretiza em economia, a empresa terceirizada cobra muito mais do que apenas o custo de matéria-prima para produzir a peça. Grande parte da "economia" é pura ficção! Com efeito, em muitos casos a peça terceirizada sai mais cara, reduzindo, ao mesmo tempo, a flexibilidade e o lucro.

No entanto, os efeitos podem ter um alcance muito maior do que esse impacto negativo imediato sobre o lucro. Veja o que aconteceu com algumas empresas americanas que decidiram terceirizar sua produção na Ásia. O *lead time* para produtos e serviços aumentou, aumentando consideravelmente os estoques na cadeia de suprimento. Em algumas empresas, o aumento no lead time mostrou que elas estavam menos sintonizadas com a demanda de consumo. A conseqüente falta de estoques dos produtos de maior saída fez com que acabassem perdendo vendas para os clientes e, ao mesmo tempo, ficassem atoladas com altos estoques de produtos de menor saída. A alavancagem diminuiu.

Da mesma forma, a contabilidade de custos pode distorcer a análise de investimentos em novos equipamentos, bem como de centros de lucro e da rentabilidade da linha de produtos[3]. Uma empresa rapidamente se desviará do caminho da Visão Viável se sempre tomar decisões ruins devido ao suporte deficiente da contabilidade gerencial.

Um Sistema de Referência Mais Simples: O Ganho e os Poucos Fatores que o Governam

Para implantar a Visão Viável com sucesso, os altos executivos precisam fazer muito mais do que simplesmente eliminar as distorções, mesmo sendo esse passo por si só extremamente importante. Eles precisam alavancar seus recursos encontrando o lugar certo para concentrar os esforços de aperfeiçoamento e uma maneira mais eficiente de lidar com a complexidade.

Nesse sistema holístico de referência, a capacidade de gerar ou melhorar o ganho pode ser comparada a uma corrente cuja resistência só é igual à resistência de seu elo mais fraco. Para gerar ganho, cada área da empresa tem de fazer a sua parte. O *marketing* tem de gerar demanda para o produto ou serviço. O setor de vendas tem de fechar o negócio. O de compras precisa fazer com que as matérias-primas e os insumos sejam entregues no prazo. A área de engenharia tem de projetar um produto adequado. A produção tem de fazer um produto final de qualidade e no prazo, para atender às expectativas do consumidor. A logística de transporte deve funcionar com perfeição. Se um desses elementos falhar, o ganho será zero.

---

[3] Há uma discussão detalhada sobre essas distorções na ferramenta de auto-aprendizagem *TOC Insights em Finanças e Medidores*, de Eli Goldratt e Rami Goldratt (veja a Bibliografia).

Entretanto, para aumentar o ganho é preciso identificar o elo mais fraco e fazer algo a esse respeito. *Fortalecer um elo que não seja o elo mais fraco não aumenta a resistência da corrente e tampouco ajuda a gerar mais ganho.* Portanto, esse foco intensivo no ponto de alavancagem, ou seja, no elo mais fraco, é exatamente o contrário do sistema de referência baseado em custos, no qual os gerentes, influenciados pela regra de adição, buscam fazer melhorias apenas localmente.

A título de ilustração, observe o seguinte exemplo real de uma instituição financeira. A empresa sabia que para melhorar teria de vender um maior número de hipotecas. Havia dinheiro disponível em caixa. Não havia falta de pedidos de clientes. Onde estava o grande ponto de alavancagem?

Cada pedido de hipoteca era revisado e aprovado por um especialista, submetido a verificações-padrão, analisado pelos agentes colocadores e finalmente assinado. No entanto, muitos clientes cancelavam seus pedidos depois de esperarem dias sem receber qualquer resposta. Dentre todas as áreas envolvidas com as hipotecas, descobriu-se que o grande ponto de alavancagem eram os agentes colocadores, onde os pedidos dos clientes ficavam estacionados durante três semanas ou mais. A grande surpresa foi que a empresa não precisava de mais agentes colocadores. A política local de eficiência (o antigo sistema de referência) de utilização do tempo desses agentes fazia com que eles tivessem de dividir seu tempo com a análise de diversos pedidos. Depois que a empresa compreendeu onde estava seu ponto de alavancagem e os impactos desastrosos das práticas tradicionais de eficiência, ela conseguiu facilmente racionalizar os procedimentos para aprovar um pedido de hipoteca em dois dias, em vez de três semanas. Mas imagine o que teria acontecido se ela tivesse feito uma campanha publicitária para ganhar novos clientes de hipotecas.

É Cada Vez Mais Importante Identificar a Simplicidade

O ambiente é hoje muito mais complexo do que há décadas. Nos anos 1980, os mercados eram mais estáveis e a vida útil do produto, mais longa. As redes de computadores e a Internet não existiam. Atualmente, há muito mais fatores a considerar quando se analisam os efeitos de qualquer ação. Cada vez mais os administradores se sentem impelidos a lidar com uma complexidade crescente dividindo as empresas em partes menores. Por causa disso, o risco de interpretar erroneamente o efeito de suas ações é agora muito maior do que há vinte anos, mesmo quando se trata do presidente da empresa. Esse risco aumenta à medida que se desce na pirâmide organizacional. Normalmente, cada nível gerencial mais baixo tem uma visão mais estreita.

Essa crescente complexidade também reproduz o efeito da mentalidade "silo" ao longo da cadeia de suprimento. Cada empresa da cadeia age como se fosse um silo e em geral acredita que está em oposição aos outros elos de sua própria cadeia de suprimento. Assim, ela ignora as conseqüências terríveis que seu atos exercem sobre os outros elos.

Resumo e Próximos Passos

Os altos executivos precisam implantar uma estrutura mais simples e eficiente para alinhar cada elo da cadeia de suprimento e desse modo alcançar a Visão Viável – uma estrutura que elimina a mentalidade de silo. Nesse sistema, os executivos poderão prever, de forma clara, fácil e precisa, o resultado de todas as suas decisões e ações. O novo sistema de referência deve evitar aquelas decisões ruins e distorções que descrevemos anteriormente.

Para PROGREDIR a esse nível, cada executivo deve superar quatro importantes desafios:

1. Identificar o maior ponto de alavancagem para o aperfeiçoamento, não dentro de seu silo, mas dentro da empresa como um todo. Somente tal alavancagem poderá fazer com que a empresa iguale o lucro líquido ao faturamento atual no prazo de quatro anos.
2. Definir o que cada área da empresa deve fazer para exercer essa alavancagem.
3. Acabar com as distorções desenvolvendo uma compreensão mais profunda e um sistema de medição, entre os executivos da empresa, das conseqüências de suas decisões por toda a cadeia de suprimento.
4. Desenvolver sistemas logísticos que alertem antecipadamente o alto escalão executivo, para que se evitem quaisquer desastres em suas operações diárias. Isso permitirá manter o foco principal na busca de alavancagem.

O restante deste livro busca fornecer respostas práticas para ajudar o leitor a vencer tais desafios.

4
Um Sistema de Referência Mais Simples para a Tomada de Decisões

"Muitas vezes, a sofisticação é somente um disfarce para a ignorância."

Muitas vezes, para tomar decisões a equipe administrativa utiliza um sistema holístico de referência, como o lucro líquido ou o retorno sobre investimento. No entanto, isso não significa que os níveis mais baixos da empresa fazem o mesmo. Na verdade, assim que uma empresa é dividida em unidades menores e cada uma delas é avaliada isoladamente, têm início as ações não-holísticas.

Para implantar a Visão Viável, o novo sistema de referência precisa:

1. Identificar o grande ponto de alavancagem.
2. Conectar cada ação e cada decisão de qualquer nível ao impacto exercido sobre a empresa como um todo.
3. Eliminar as distorções.

O novo sistema de referência, descrito adiante, foi implantado em diversas empresas ao longo da cadeia de suprimento. Ele foi aplicado às áreas de *marketing*, produção, engenharia e gestão de projetos, distribuição e estratégia empresarial. Em um estudo feito por Mabin e Balderstone[1] com dezenas de casos, foram observadas as seguintes melhorias, em média:

- *Lead time*: 70%
- Desempenho no cumprimento de prazos: 44%
- Redução de estoque: 49%

---

[1] *International Journal of Operations and Production Management*, primavera de 2003.

- Aumento de receita: 83%
- Aumento de rentabilidade: 116%

Assim, eis a primeira recomendação: afaste-se de sistemas de apropriação de custos muito sofisticados e complexos e adote um sistema de referência muito mais simples. Este capítulo descreve a nova estrutura, e os capítulos posteriores ilustram sua aplicação em cada área-chave da cadeia de suprimento.

As Cinco Áreas de Avaliação

Para ser eficiente, o novo sistema de referência deve atuar como uma bússola, a fim de orientar os executivos de qualquer nível na tomada de decisões adequadas, como indicado nas seguintes cinco principais áreas de avaliação:

1. **Avaliação do sistema como um todo.** É preciso acabar com a confusão. O novo sistema de referência precisa ajudar os executivos a avaliar o impacto que uma decisão tomada em relação à sua área específica terá sobre a empresa como um todo. Ele precisa identificar, por exemplo, onde estoque significa um ativo e onde significa um passivo. Ele deve estimular cada membro da cadeia de suprimento a vender *ao longo* de toda a cadeia de suprimento, e não somente a um elo dela.

2. **Investimento.** Um certo diretor financeiro disse que sua empresa estaria em melhor situação se tivesse tomado cada empréstimo feito nos últimos cinco anos e aplicado o dinheiro no banco à taxa de juros mais baixa. Um outro executivo, presidente de empresa, disse: "A questão custo de cada investimento se torna realidade. Já os benefícios, raramente." Na verdade, *um investimento só será um benefício tangível para os donos do negócio se for possível produzir ou vender produtos adicionais ou se os custos reais puderem ser eliminados.* O novo sistema de referência deve ser facilmente entendido por todos, quer os resultados se materializem ou não.

3. **Centro de lucro.** Muitas empresas transformam parte de sua estrutura em um centro de lucro, para avaliar se um grupo de produtos ou serviços é viável, desestimular o desperdício ou estimular um nível de atendimento e uma estrutura de custo que possam competir com fontes externas. Por exemplo, inúmeros departamentos de informática operam como centros de lucro.

Devo ser franco. Quando um departamento que opera como centro de lucro aloca seus custos para outros departamentos que não têm controle sobre eles, não é de surpreender que esse centro de lucro suscite críticas, resistências e comportamentos irracionais. Desde quando um departamento de informática tem conta bancária para amealhar lucros?

O centro de lucro coloca diversas partes da empresa em uma situação de ganha/perde. Ele utiliza as alocações de custos para justificar seus preços e aumentar o "lucro". Quanto mais ele "cobra", mais ele "lucra". Quanto mais seus clientes internos "pagam", mais eles perdem. É difícil acreditar que essas pessoas trabalham para a mesma empresa. A triste verdade é que isso acontece sem que haja um aumento no saldo bancário da empresa.

O novo sistema de referência deve estimular que somente centros reais de lucro sejam medidos e desestimular esse contra-senso associado a centros artificiais de lucro.

4. **Fazer ou comprar.** Suponha que você seja o administrador de uma fábrica e ela esteja sendo pressionado a reduzir os custos. A fábrica deveria terceirizar parte de sua produção para outra fábrica "mais barata", de propriedade da mesma empresa? Deveria terceirizar para empresas locais ou estrangeiras?

O *controller* de um grande fabricante de vestuário explicou que, ao parar de produzir nos EUA e terceirizar a produção no México, ele calculava que esse país fosse viável apenas por cinco anos. Depois disso, esperou mudanças na legislação americana que lhe permitissem importar as mercadorias da China a um custo direto 30% menor.

Inúmeros "fabricantes" americanos não fabricam mais nada. Não estou dizendo que isso seja bom ou ruim. Ao contrário, o novo sistema precisa dar aos executivos uma boa compreensão dos efeitos reais sobre o custo e o ganho da empresa como um todo quando tiverem de tomar uma decisão de fazer ou comprar. A qualidade irá cair ou melhorar? O que acontecerá com o *lead time* e qual será o efeito sobre as vendas?

5. **Custo/lucro do produto.** Como é possível que uma empresa tire um produto deficitário de produção e acabe em uma situação pior que a anterior? Em empresas que produzem mais de um produto, os gerentes alocam os custos indiretos para cada produto, a fim de avaliar se são rentáveis ou não. No entanto, quando o produto é tirado de linha, grande parte dos custos indiretos permanece.

Os executivos muitas vezes fazem uso de previsões de vendas de produto, juntamente com as distorções de alocação de custos supracitadas, para calcular a rentabilidade do produto e assim justificar decisões de linha de produto. Calcular o custo do produto com base nas vendas previstas é tão confiável quanto uma previsão do tempo a longo prazo. Se a previsão estiver errada, as hipóteses sobre o custo do produto estão erradas e as decisões resultantes, também. Pelo que diz minha experiência, as previsões estão erradas em cerca de 100% das vezes.

A Nova Estrutura – Parte I: G, I e DO

No novo sistema de referência, somente três parâmetros globais são necessários para medir o impacto de qualquer decisão gerencial sobre os diversos níveis da empresa (veja a Figura 4.1):

- Ganho, G

DO ⟶ I ⟶ G

Figura 4.1. Três parâmetros globais para decisões gerenciais.

- Investimento, I
- Despesa Operacional, DO

O ganho (G) é a taxa a que a empresa gera unidades de meta. Nas empresas com fins lucrativos, as unidades de meta são expressas em dólares. O ganho é calculado pela receita obtida dos clientes em um determinado período de tempo menos os valores gastos com matéria-prima e despesas diretas com fornecedores externos por cada produto ou serviço vendido. Cada dólar de ganho é dinheiro que sobra na conta bancária da empresa depois de serem pagos os fornecedores de matéria-prima. Uma vez que o ganho é uma "taxa", pode-se expressá-lo em horas, semanas, etc. Observe que não há ganho se o pagamento não tiver sido recebido do cliente.

Para gerar ganho, a empresa faz um investimento (I), em termos de imobilizado (prédios, equipamento, sistemas de informática, etc.) e de estoque (matérias-primas, estoque em processo, produtos acabados).

O valor que a empresa gasta mensalmente para transformar o investimento em ganho chama-se despesa operacional (DO). Esse valor inclui salários, despesas de depreciação, custo de suprimentos, água, eletricidade, aluguéis, etc.

Dois indicadores são gerados a partir desses três parâmetros globais:

- Lucro Líquido = Ganho – Despesa Operacional [LL = G – DO]
- Retorno sobre Investimento = Lucro líquido dividido pelo Investimento [RSI= (G – DO)/I]

Operando Mudanças de Comportamento com G, I e DO

Utilizando o novo sistema de referência, os executivos, ao analisarem que ações tomar, usarão o impacto causado sobre G, I e DO como guia. Mas se eles recomendam uma decisão e não têm a menor idéia do impacto que ela terá sobre a empresa em termos de G, I e DO, como então ousam fazer uma recomendação dessas?

Existem atualmente inúmeros exemplos bem documentados que ilustram a simplicidade, a orientação e o poder que esse novo sistema de referência proporciona[2].

---

[2] Por exemplo, veja em Statements on Management Accounting No. 4HH, Institute of Management Accountants, Montvale, NJ, 1999; Thomas Corbett, *Bússola Financeira*, Editora Nobel, São Paulo, 2005; Victoria J. Mabin e Steven J. Balderstone, *The World of The Theory of Constraints*, St. Lucie Press, Boca Raton, FL, 2000.

No exemplo discutido no Capítulo 3, um gerente de compras decidiu substituir os fornecedores estrangeiros de materiais por fornecedores locais mais baratos, utilizando como sistema de referência a economia de custos. A economia chegava a 1,3 milhão de dólares. No novo sistema de referência, esse gerente teria de calcular o impacto líquido de sua decisão sobre G, I e DO da empresa como um todo, não apenas em relação às compras.

De que forma um gerente de compras pode avaliar com antecedência o impacto de uma mudança de materiais sobre a produção? Uma vez que tal decisão tem efeitos tanto sobre a despesa operacional como sobre o ganho, os gerentes de compras e de operações teriam de testar os novos materiais para avaliar o impacto, antes de tomar uma decisão final. Eis os cálculos deste exemplo na prática:

Impacto sobre o ganho
- Custo de matérias-primas caiu em US$ 1,3 milhão

Perda de receita decorrente de problemas de material igual a US$ 82.800 por dia, com base em testes de produção:
- Receita caiu em US$ 29,8 milhões por ano

Impacto sobre a despesa operacional
Desperdício aumentou em US$ 4.000 por dia, com base em testes de produção:
- Despesa operacional aumentou em US$ 1,44 milhão por ano

Custo de manutenção de estoques sobre uma redução de US$ 200.000 em economia em estoque, a 10%:
- Despesa operacional caiu em US$ 20.000 por ano

Impacto sobre o investimento
A mudança de fornecedores estrangeiros para fornecedores locais exige novos equipamentos de testes:
- Investimento aumentou em US$ 35.000 no total
- Estoque de matérias-primas pode ser reduzido em US$ 200.000

Se a decisão fosse implantada como descrito no Capítulo 3, o resumo dos resultados esperados seria o seguinte (o símbolo delta significa "mudança em"):

$$\Delta G = US\$\ 1,3\ milhão - US\$\ 29,8\ milhões = -US\$\ 28,5\ milhões$$

$$\Delta DO = US\$\ 1,44\ milhão - US\$\ 0,02\ milhão = US\$\ 1,42\ milhão$$

$$\Delta I = US\$\ 35.000 - US\$\ 200.000 = US\$\ 165.000$$

Nesse exemplo, mesmo que o investimento em estoque tenha caído em US$ 165.000, o forte impacto sobre o ganho e as despesas operacionais significa que essa seria uma péssima decisão se assim implantada. No entanto, o gerente de compras tivera uma boa idéia – comprar os materiais localmente, reduzir o *lead time* e o custo. Contudo, tal idéia traria algumas conseqüências negativas terríveis se implementada sem a colaboração do setor de operações.

Quando se atua em silos, as decisões são implantadas ignorando-se as conseqüências negativas sobre a empresa como um todo. Com o novo sistema, ao identificar o impacto global sobre G, I e DO, o gerente de compras tentará encontrar fornecedores locais que atendam aos padrões atuais da empresa. Ele verá que parte de sua missão é minimizar o impacto de quaisquer mudanças sobre a produção. Ele não será avaliado isoladamente pelas melhorias locais obtidas; assim, não se dará por satisfeito enquanto não for obtida uma melhoria global.

O Que Falta para uma Visão Viável

Apesar de tudo, esse novo sistema de referência não é suficiente para implantar a Visão Viável. Existem muito mais oportunidades para consertar e melhorar as coisas do que recursos disponíveis para tanto. Podemos utilizar o sistema de referência G, I e DO para identificar melhorias por todos os lados e mesmo assim ir à falência, porque nossos mercados estão se deteriorando ou por alguma outra razão válida. Simplesmente eliminar distorções não basta.

Por isso, precisamos responder a outra grande questão: no que devemos centrar nossos recursos para obter a maior alavancagem nos resultados da empresa? O erro fatal que as empresas cometeram anos atrás, quando o movimento de Gestão de Qualidade Total (TQM) estava no auge, foi aplicá-lo *indiscriminadamente*. Outras filosofias de aperfeiçoamento na moda atualmente vêm cometendo os mesmos erros. A maior parte dessas metodologias é correta, mas somente se aplicada aos problemas certos.

A Nova Estrutura – Parte II:
Os Cinco Passos de Focalização

No início da década de 1990, algumas das grandes montadoras de automóveis dos Estados Unidos estavam perdendo bilhões de dólares por ano. Elas haviam sido afetadas pelo domínio japonês do mercado, pela conjuntura econômica e por diversos outros fatores que reduziram sua participação de mercado.

Mais ou menos na mesma época, um livro que descrevia um novo processo, *Reengenharia dos Processos de Negócio*, citava um enorme êxito obtido por uma das três grandes montadoras americanas. Aplicando reengenharia no departamento de contas a pagar, a empresa melhorou seu desempenho e reduziu o número de funcionários desse departamento de algumas centenas para umas poucas dezenas. A economia em dólares teria sido de aproximadamente US$ 50 milhões, um impacto de menos de 2% sobre as perdas milionárias sofridas naquele mesmo ano.

No entanto, o grande problema dessa empresa obviamente não era o departamento de contas a pagar, já que as perdas de bilhões de dólares continuavam. O que não é tão óbvio assim é que os recursos investidos (um valor considerável em tecnologia de informação, o uso dos mais capacitados gerentes de projeto da empresa, mais um grande esforço interfuncional) prejudicaram o esforço de melhoria justamente na área em que estava a restrição. E a razão por que isso não é tão óbvio é porque o esforço *produziu* alguns resultados palpáveis para o orçamento do gerente de contas a pagar.

Como afirmamos no Capítulo 3, a resistência de uma corrente só é igual à resistência de seu elo mais fraco. A montadora tinha capacidade ociosa. Seu elo mais fraco era o mercado, e não contas a pagar. Aumentar as vendas era o principal ponto de alavancagem para melhorar os resultados financeiros.

Para criar um poderoso processo de melhoria contínua, Goldratt identificou cinco passos de focalização (veja a Figura 4.2). A alavancagem para a melhoria de uma empresa é determinada pela resistência do elo mais fraco. Portanto, o primeiro passo no processo de melhoria deve ser IDENTIFICAR o elo mais fraco.

No setor automotivo, o simples ato de identificar o mercado como sendo o elo mais fraco, embora seja um importante primeiro passo, não melhora nada. Há duas maneiras de lidar com uma restrição. Na indústria automobilística, por exemplo, quando o volume de vendas é baixo, ela lança intensas campanhas de propaganda, oferece descontos e crédito com juro zero. Muitas vezes, no entanto, as perdas monumentais continuam ou, no mínimo, verifica-se uma pressão descendente sobre os lucros. Essa é uma importante lição para quem lida com uma restrição.

É crucial lembrar que *o custo não é menos importante que o ganho*. Portanto, antes de gastar impetuosamente mais dinheiro com uma restrição, Goldratt preconiza a outra maneira de lidar com ela. Ele posicionou a decisão de EXPLORAR a restrição do sistema nessa ordem propositadamente.

O passo 2 diz que, quando uma restrição (nesse caso, um cliente) entra em sua loja, *não a desperdice*! Explore formas de tirar dela o que você puder. Se o cliente deseja um carro personalizado que não está disponível na loja e o fabricante dispõe de uma grande capacidade produtiva ociosa, *não desperdice essa capacidade produzindo carros que ninguém quer comprar*. Decida como explorar a situação, descubra uma forma de produzir exatamente o carro personalizado que o cliente deseja e certifique-se de que ele seja entregue na casa do cliente em três, e não em doze, semanas.

---

1. IDENTIFICAR a restrição do sistema.
2. Decidir como EXPLORAR a restrição do sistema.
3. SUBORDINAR tudo o mais à(s) decisão(ões) acima.
4. ELEVAR a restrição do sistema.
5. Se a restrição tiver sido quebrada em um dos passos anteriores, RETORNAR ao passo 1.

AVISO: Não deixe que a inércia cause uma restrição no sistema.

Figura 4.2. Os Cinco Passos de Focalização.

Para explorar a restrição, os outros elos da cadeia devem apoiar as decisões de EXPLORAR. O passo 3, SUBORDINAR tudo o mais a essa decisão, exige que todos os departamentos se submetam, ou seja, apóiem as decisões de EXPLORAR. Não queremos mais ouvir falar em eficiências de fabricação nem ver recursos preciosos de gestão de projetos amarrados meses a fio no projeto de contas a pagar. A restrição não está na produção, muito menos nas contas a pagar: ela está no mercado! Por ora, pode-se aceitar que os departamentos de produção e contas a pagar operem de forma pouco eficiente, se isso ajudar a subordiná-los à decisão citada anteriormente (a de assegurar que o resultado final, em termos de G, I e DO, seja maior).

Esse não é um exemplo fictício. Uma das grandes montadoras de automóveis fez exatamente isso em meados da década de 1990, obtendo resultados excelentes.

O passo 4, ELEVAR, significa melhorar. Nesse passo, freqüentemente vemos empresas investirem em mais recursos, maquinário mais rápido, novos mercados, novos produtos, ou fazer outros investimentos em imobilizado para eliminar a restrição. No entanto, temos visto também inúmeros casos nos quais a simples implementação dos passos 1 a 3 já elimina a restrição.

Se a restrição na indústria automotiva está localizada no mercado e implementamos os passos 2, 3 e 4 de forma correta, o resultado é um aumento nas vendas. Se seguimos uma vez mais os mesmos passos, tomando algumas decisões novas de como explorar a restrição, verificamos um outro aumento nas vendas. Aí tentamos repetir o procedimento e fracassamos. O que pode ter acontecido? Obtivemos tanto sucesso em aumentar as vendas que a restrição passou para o setor de operações.

O passo 5 leva a empresa a um processo de melhoria contínua, fazendo-nos retornar ao passo 1. Uma vez que ainda não vimos nenhuma empresa obter lucros indefinidamente, é de se supor que todas as empresas sempre tenham alguma restrição. Portanto, quando se elimina uma restrição, a pergunta seguinte é: qual a próxima restrição? Na verdade, a abordagem correta é perguntar-se com antecedência: qual será nossa *próxima* restrição?, para que tenhamos tempo suficiente para planejar como atacá-la e, assim, evitar problemas.

Juntando G, I, DO e os Cinco Passos de Focalização

Já descrevemos as cinco áreas de avaliação necessárias para a tomada de decisões. Agora, com o novo sistema implantado, ilustraremos como ele transforma decisões ruins em decisões boas.

Anteriormente, quando os departamentos funcionavam como silos, qualquer investimento em novos equipamentos era justificado encontrando-se custos suficientes para alocar, custos esses que na verdade jamais eram "economizados", mas causavam uma boa impressão no papel. Vamos agora jogar essas distorções na lata de lixo para sempre e usar o novo sistema para analisar o investimento em equipamentos.

Seguindo os passos 1 e 2 dos cinco passos de focalização, podemos avaliar o impacto real que o novo equipamento terá sobre o ganho. Investir em uma área com restrição e assim aumentar o ganho de forma considerável normalmente gera um retorno sobre investimento muito maior do que um investimento que cause impacto apenas nas despesas operacionais. Aqui reside o poder de identificar uma restrição.

Ainda assim precisamos avaliar o investimento; por isso, a primeira pergunta a fazer é: que mudança, em termos de ganho, esperarmos conseguir com esse novo investimento?" Em segundo lugar, qual é a alteração nas despesas operacionais? Já que o novo equipamento normalmente tem custo de depreciação, requer contratos de manutenção, necessita de peças de reposição e ferramentas especiais, além de gerar um aumento de outras despesas operacionais, a alteração nessas despesas operacionais é facilmente identificável. O novo equipamento também poderá causar impacto positivo ou negativo sobre as despesas com horas extras ou mesmo com mão-de-obra. A terceira pergunta a fazer é: qual é a alteração em termos de investimento? O cálculo do retorno sobre investimento emprega a seguinte fórmula, sem quaisquer distorções de alocação de custos:

$$RSI = (\Delta G - \Delta DO)/\Delta I$$

O passo 3 é uma ferramenta excelente para avaliar o impacto sobre o investimento. No exemplo da montadora de automóveis supracitado, subordinar a estrutura de vendas à decisão significou que, por um curto espaço de tempo, houve um registro *menor* de vendas. A montadora parou de empurrar carros para os pátios das concessionárias. À medida que os estoques caíam, o impacto líquido foi de bilhões de dólares a menos de investimentos em carros nos pátios das concessionárias. Nesse caso, a montadora foi inteligente o suficiente para dar-se conta de que, mesmo que os estoques constassem dos registros contábeis das concessionárias, eles continuariam sendo uma dor de cabeça para a montadora enquanto não fossem vendidos.

Resumo e Próximos Passos

Finalmente temos uma maneira de superar as distorções da contabilidade de custos. O novo sistema de referência (G, I, DO e os Cinco Passos de Focalização) é o início de uma nova linguagem na administração empresarial e uma sólida base para a Visão Viável. Os exemplos citados neste capítulo apenas permitem vislumbrar a compreensão e o poder necessários para identificar o ponto de alavancagem fundamental para melhorar cada empresa.

Atualmente, já que em cerca de 70% dos casos a restrição das empresas está no mercado, nosso próximo capítulo presta-se a descrever de que modo aplicar o novo sistema de referência a ele. Contudo, se a restrição não estiver localizada no mercado, é preciso fazer outras perguntas:

- Depois de cinqüenta anos do método do caminho crítico, por que 74% de todos os projetos foram concluídos depois do prazo, tiveram o orçamento estourado ou estavam fora do escopo?

- De que forma podemos finalmente extrair algum retorno tangível sobre nossos investimentos em TI?
- Como podemos superar o clássico problema de distribuição, de falta de produtos em uma área geográfica, enquanto há excesso de oferta em outra?

Não se preocupe. Essas e outras perguntas serão aqui discutidas mediante o novo e poderoso sistema de referência. Caso prefira, fique à vontade para pular para o capítulo que descreve onde está a restrição de sua empresa. No entanto, no mercado a análise é surpreendente. Muitas empresas estão desperdiçando o trabalho que já tiveram para encontrar clientes. Esse é o tema do próximo capítulo.

Parte III

Os Componentes da Visão Viável

5

Marketing

*"Fazer marketing é espalhar o milho pelo campo de modo que os patos sejam atraídos para ele.
Vender é pegar uma espingarda e atirar nos patos pousados no campo[1].
Se os patos não estiverem pousados no seu campo, não culpe o setor de vendas!"*

Na maioria das empresas de hoje, não existe um setor de *marketing* que corresponda à minha definição. Ao contrário, é possível encontrar um sem-número de tarefas como suporte de vendas, treinamento em vendas, propaganda, desenvolvimento de material de apoio, promoções, entre outras. Essas tarefas, rotuladas de *marketing*, não chegam nem perto de cumprir a função vital do *marketing*. Além disso, se os problemas reais dos mercados não são abordados, a empresa acaba desperdiçando seus esforços de vendas.

Cerca de 70% das empresas têm restrições de mercado. Isso significa que se a empresa tivesse mais pedidos, existiria capacidade na cadeia de suprimento para atendê-los. Se não há patos suficientes pousados no seu campo, você terá de considerar algo mais do que somente os programas de treinamento de vendas, propaganda e promoções. Um *marketing* de sucesso deveria atrair um monte de patos para seu campo – *e com cola sob os pés!* Por que não há clientes suficientes em seus mercados que se sintam atraídos para o *seu* milho?

Mesmo que sua empresa conte com pedidos suficientes, pense em como é fácil para os concorrentes copiar ou superar sua tecnologia. Avalie quão terrivelmente erradas têm sido muitas previsões de vendas nos últimos dez anos em setores tão pouco relacionados entre si como, por exemplo, os de siderurgia, alta tecnologia, viagens, assistência médica, etc. Nenhum setor estará imune a uma deterioração acelerada, a menos que... a menos que se sigam os passos ilustrados neste capítulo.

---

[1] N. de R. No inglês, *sitting ducks*, que também pode ser traduzido por "alvo fácil".

Por Que Tantas Empresas Têm uma Restrição de Mercado

A abordagem "silo" faz as empresas centrarem o foco em si mesmas de tal forma que muitas delas estão desperdiçando clientes em potencial. Melhor dizendo: a maior parte das empresas concentra sua atenção nas características de seu produto, ignorando o que realmente importa para os clientes em seus diversos mercados. Elas vêem todo o esforço e os custos gastos com engenharia, produção e comercialização. Alocam os custos indiretos de todos os departamentos com o objetivo de calcular um preço "justo" para seu produto. Para o fornecedor, preço "justo" é a soma de seus custos alocados e reais mais uma margem de lucro razoável. Tal percepção de valor baseada em custos está arraigada nas rígidas políticas de preço, na literatura técnica e nos treinamentos de vendas.

Contudo, a menos que você detenha o monopólio, a percepção de valor que conta – no mínimo tanto quanto a do fornecedor – é a do cliente. Essa percepção de valor baseia-se nos problemas que aquele produto ou serviço ajudará o cliente a solucionar em seu ambiente e nos benefícios resultantes. Quanto maiores forem os problemas que o produto solucionar, tanto maior será a percepção de valor.

A tarefa do *marketing* é aumentar a percepção de valor do cliente relativamente ao produto, em comparação com todos os produtos dos concorrentes. Além disso, o *marketing* deve atribuir ao produto um preço que seja adequado a esse valor, e não um preço artificial baseado em alocação de custos (isto é, que não seja baseado na percepção de venda do fornecedor). Quando o cliente tem uma maior percepção de valor, o preço pode ser aumentado. Para isso, o *marketing* deve focar algo muito mais importante do que as características de produto, aplicando os Cinco Passos de Focalização.

Os Cinco Passos de Focalização no *Marketing*

Em 70% das empresas já demos o passo 1, IDENTIFICAR. A restrição está no mercado. Antes de gastar mais dinheiro para identificar mais clientes em potencial (passo 4, ELEVAR), não desperdicemos o que já possuímos – bons clientes em potencial. Para isso, temos de dar os passos na seqüência certa. Para EXPLORAR, precisamos superar as distorções que a percepção de valor do fornecedor nos impôs no passado.

Decida Como Explorar a Restrição, Não Desperdice Clientes em Potencial

Se o *marketing* atrai os patos certos para o seu campo mas o setor de vendas não é capaz de finalizá-las, cabe à empresa descobrir o motivo. Em muitas empresas *o erro é* reagir automaticamente e trocar a equipe de vendas e gerentes sem uma análise mais profunda. Baseadas na percepção de valor do fornecedor, muitas empresas acreditam que seu produto vale aquele preço, sem nenhuma abordagem de *marketing* que prove tal valor aos olhos do cliente. Sem uma abordagem correta de *marketing*, a equipe de vendas pode estar dando "tiros a esmo" nos clientes, ao utilizar as características do produto como munição, em vez de centar-se nos problemas dos clientes em potencial. Quando se atira em um pato pousado e se erra o alvo, da próxima vez certamente o pato já não estará lá. Terá voado em direção a um outro campo.

A resposta correta para acertar o alvo virá da análise de uma amostra significativa dos clientes que disseram "não". Usando o Princípio de Pareto (regra 80/20) e pesquisas, o *marketing* poderá rapidamente descobrir os motivos pelos quais a maioria dos clientes em potencial não está comprando. O passo EXPLORAR exige que você tenha, no mínimo, um excelente desempenho no quesito cumprimento de prazos, um *lead time* curto e uma qualidade satisfatória (ou seja, boa o suficiente para atender às expectativas dos clientes). Esse é o primeiro aspecto a considerar a fim de descobrir por que os clientes não estão comendo o seu milho.

O passo 2 será a primeira resposta ao novo entendimento obtido. Por exemplo, se vários clientes em potencial responderam que teriam comprado de você se o *lead time* não fosse longo demais, então o *marketing* terá uma boa base para decidir que o *lead time* é a chave para fechar mais vendas com os potenciais clientes.

Um exemplo real desse impacto é o de uma empresa de manutenção de aeronaves. Nessa empresa, a "percepção de valor do fornecedor" era a de que eles tinham um investimento de centenas de milhões de dólares em hangares, equipamentos sofisticados, licenças internacionais e pessoal altamente qualificado para a complicada tarefa de desmontar um avião enorme, transformá-lo de avião de passageiros em avião de carga, fazer testes e montar todas as partes novamente. A empresa era competitiva em termos de preço, mas, em um setor no qual a concorrência é acirrada, esse fator não ajudava muito a fechar um número suficiente de negócios.

Ao analisar os critérios de "percepção de valor do cliente" e as razões pelas quais perdia tantos negócios, ela descobriu que o critério-chave era o *lead time*. Para explorar essa restrição, a empresa reduziu o *lead time* médio de doze para duas semanas, aplicando as técnicas descritas no Capítulo 8 (Gestão de Projeto). Quando uma empresa diz ao cliente que seu avião 747 terá de permanecer no hangar por apenas duas semanas, em vez de doze, o cliente recebe de presente mais dez semanas de receita a serem geradas com seu 747. Ao contrário de um carro de aluguel, esse tipo de avião vale muito mais do que US$ 60 por dia. Como resultado, o acúmulo de serviço aumentou de três meses para um ano. Essa nova percepção de valor do cliente significa que os clientes estão dispostos a reservar uma vaga na fila de espera de manutenção dessa empresa com cerca de um ano de antecedência, para usar seus serviços em vez dos de outro concorrente.

Infelizmente, é muito comum que os novos métodos de melhoria sejam utilizados *indiscriminadamente*, em vez serem direcionados para explorar a restrição. Por exemplo, um certo distribuidor resolveu aplicar o sistema Seis Sigma para reduzir o desperdício causado por obsolescência de produto. Sem levar em conta sua restrição de mercado, o pessoal de gerenciamento de estoques analisou os processos de colocação de pedidos. Para chegar mais perto do objetivo do Seis Sigma, tomaram a decisão de diminuir os estoques de todos os principais produtos. Basearam-se na premissa de que não era possível prever a obsolescência no seu ramo de atuação; assim, quanto menor fosse o estoque, tanto menor seria a quantidade de produtos obsoletos que ficariam encalhados.

Depois de vários meses de esforço, eles reduziram a obsolescência, obtendo uma economia anual de 20% de um custo de obsolescência de US$ 4 milhões, ou seja, US$ 800.000 por ano. Ao mesmo tempo, o diretor de vendas gritava "FALTA!!!", por causa dos produtos em falta no estoque. No mês em que o diretor de vendas mediu de perto o impacto, os estoques esgotados causaram um prejuízo de US$ 3,9 milhões nas vendas brutas. Considerando-se que a margem de lucro média da empresa era de 27%, isso significou perdas de US$ 1 milhão de lucro por mês!

Quando se utilizam G, I e DO e os passos IDENTIFICAR e EXPLORAR, pode-se evitar esse tipo de besteira. Quando esse mesmo distribuidor reviu suas ações utilizando os Cinco Passos de Focalização, o passo IDENTIFICAR deixou absolutamente claro que a restrição da empresa estava no mercado. Para EXPLORAR, a empresa precisava uma maior quantidade do estoque certo. O passo seguinte, SUBORDINAR, permitiu a ela explorar a restrição e ao mesmo tempo reduzir a obsolescência.

Subordinar às Decisões Acima

Quando a distribuidora mencionada implementou esse passo para lidar com a restrição de mercado, o pessoal da gestão de estoques modificou sua abordagem e fez um acerto com os fornecedores para devolver estoques obsoletos. Parte da economia resultante, no valor de US$ 2,25 milhões, foi usada para estocar mais produtos, gerando vendas bem maiores. Eles identificaram que havia uma simplicidade inerente na complexidade e a fizeram funcionar muito bem.

Ao implantar o passo 3, as áreas de operações, engenharia, distribuição e finanças devem tomar medidas para assegurar que os clientes em potencial não sejam desperdiçados. Muitas vezes, essas medidas fogem à intuição. Sabendo que, quando se tem uma restrição de mercado o cliente é extremamente precioso, todas as áreas da empresa devem adotar o mesmo lema dos médicos: "Acima de tudo, não causar nenhum mal". Não dificulte ainda mais para o cliente fazer compras.

Na área de operações, subordinar significa ter a parte logística de prontidão para garantir que os prazos sejam cumpridos sistematicamente, dentro do prazo mais curto. Na área de distribuição, subordinar significa ter o estoque certo, em todos os pontos da cadeia de suprimento, a tempo de atender à demanda do cliente. Na área de engenharia, significa projetar e desenvolver os produtos mais rapidamente do que nunca. Os mesmos princípios se aplicam na área de finanças e em outros departamentos. Cada uma dessas necessidades merece um capítulo deste livro.

Pelo fato de a economia estar em declínio, antes de implementar os Cinco Passos de Focalização, a distribuidora supracitada implantou uma política mais rígida de crédito em seu departamento correspondente. A equipe de vendas passou a gastar o dobro do tempo ao telefone com os novos clientes, coletando informações de crédito muito mais detalhadas. O prazo para aprovação do crédito passou de uma média de dois para seis dias. Lembre que a restrição está no mercado.

Para que o pessoal do setor financeiro possa aprovar o crédito, as seguintes perguntas devem ser feitas:

- Qual é o impacto dessa mudança de procedimento em G, I e DO?
- Há como obter os benefícios da mudança sem as conseqüências negativas?

Para subordinar a restrição, o setor financeiro precisa perguntar:

- Como nosso departamento pode ajudar a empresa a gerar mais vendas?

Nesse caso, para subordinar-se a uma restrição de mercado (e não de fluxo de caixa), o departamento financeiro precisa descobrir como fazer a análise de crédito mais rapidamente, sem conseqüências negativas, para assegurar que os novos clientes não serão desperdiçados.

Quando Você Precisar de Mais Clientes, Eleve com uma "Oferta Mafiosa"

Muitas vezes, a empresa pode começar a obter uma Visão Viável com os passos EXPLORAR e SUBORDINAR. No entanto, quando não tiver mais clientes em potencial, ela terá de passar para a etapa seguinte. O passo 4 – ELEVAR – atrai para o seu campo mais patos que antes estavam apenas voando sobre o milho. Na economia global de hoje, esses patos voam pelo mundo todo ou pela Web, em busca de diferentes plantações de milho, antes de decidir onde pousar.

A área de *marketing* deve fazer-se a seguinte pergunta: "Que problemas os clientes de nossos mercados têm aos quais nenhum dos nossos concorrentes está dando atenção?". Essa pergunta é a base da pesquisa de mercado. Para nossa grande surpresa, muitas vezes, ao dar atenção a tais problemas, a empresa não precisa inventar novos produtos ou fazê-los passar por reengenharia, como veremos no exemplo a seguir. Quando alguém do setor de *marketing* pode ter acesso à alta administração do cliente e aprender a respeito do negócio mediante essa abordagem, a análise resultante muitas vezes gera uma enorme vantagem competitiva.

Na análise que fiz na empresa de distribuição, cuja gama de produtos ultrapassa os 15 mil itens para comunicação sem fio, encontrei diferentes mercados, cada qual com seus problemas peculiares. Um deles é o mercado de clientes que compram componentes para projetos, como, por exemplo, para a construção de torres de comunicação ou a instalação de redes. Os gerentes de projeto acham-se em uma situação similar à descrita no Capítulo 1 (realizando alterações de última hora, mas desesperados para não sofrer as conseqüências dessas alterações sobre o *lead time*). Assim, sem alterar nenhuma de suas ofertas de produto, mas mudando parte da logística e passando a oferecer produtos em um prazo muito menor, além de dispor-se a pagar uma multa em caso de atraso para o projeto, essa empresa tem uma oferta incrivelmente atraente para esses clientes.

O mesmo distribuidor também vende produtos sem fio através de redes de varejo. Uma vez que essas redes podem comprar os mesmos produtos de outros distribuidores a preços similares, a análise mercadológica precisa identificar os problemas reais dos lojistas e solucioná-los. Os lojistas têm dois problemas graves: estoque muito alto de alguns itens e vendas perdidas devido à falta de estoque de outros itens. Na verdade, um dos segredos para o sucesso no varejo é ter como meta uma diversidade muito maior de produtos. Quanto maior o estoque de cada produto na loja, tanto menor o espaço disponível na prateleira para oferecer uma variedade de produtos.

No caso do distribuidor, a solução é bem simples. Ao passar a usar o sistema puxado de reposição de estoque, descrito no Capítulo 7 – Logística de Distribuição –, o distribuidor *garante* que o lojista reduzirá os estoques atuais pela metade, ao mesmo tempo em que reduz a falta de estoque dos artigos de maior saída. Hoje, inúmeros lojistas fazem pedidos de grandes quantidades de produtos, a intervalos irregulares, para ganhar descontos por volume, para encomendar as quantidades mínimas de produto impostas pelos distribuidores e para ter despesas menores de frete por artigo. Contudo, os lojistas não sabem exatamente qual será a oferta e a demanda de cada item específico. Por exemplo, cem telefones celulares de um determinado modelo podem ter representado dois meses de faturamento no ano passado, mas neste ano os mesmos cem telefones celulares podem representar uma oferta para seis meses. Para evitar os efeitos negativos do excesso de oferta de alguns artigos e da falta de outros, o distribuidor acaba com os descontos sobre quantidade por pedido e as multas de frete para pedidos abaixo da quantidade mínima e permite que o lojista encomende somente as quantidades consumidas no período anterior.

Essas ofertas, em conjunto com as medidas citadas nos capítulos sobre operações e logística de distribuição (Capítulos 6 e 7), são boas demais para serem recusadas por um cliente em potencial. Lembre que ninguém mais do setor está solucionando esses problemas. É por esse motivo que Goldratt chamou isso de "Oferta Mafiosa". A maior parte das empresas que implanta esse tipo de oferta não está mudando seus produtos. E muito menos seus preços! Ao contrário, estão mudando as políticas e práticas arraigadas nas empresas de seu ramo, políticas essas que deixam os clientes malucos. Todos os setores têm este tipo de políticas arraigadas.

Por exemplo, nos setores de viagens aéreas e locação de veículos, todos os programas de prêmios para os usuários regulares impõem limites (data de validade, possibilidade de usar os créditos na troca para uma categoria superior [*upgrade*], etc.), que impedem o cliente de usufruir plenamente seu prêmio. Nos EUA, os grupos de compras hospitalares (denominados GPO – *General Purchasing Organizations*) levam os hospitais à loucura por conta das políticas que os impedem de comprar outros produtos além daqueles acertados em contrato. Esses conceitos se aplicam até mesmo a centenárias indústrias (como, por exemplo, a siderurgia).

Essas mudanças nas políticas setoriais arraigadas são muito mais difíceis de serem copiadas pelos concorrentes do que mudanças feitas nas características de um produto. Atualmente, muitas empresas conseguem fazer engenharia reversa no produto de um concorrente em poucas horas ou dias. No entanto, não conseguem mudar as políticas arraigadas, pois as vêem como a *única* maneira correta de operar dentro de seu setor. Quando tal conceito foi apresentado pela primeira vez, Goldratt previu que uma empresa conseguiria manter a vantagem competitiva por dois anos. No entanto, já vimos diversos casos em que os concorrentes não reagiram antes de cinco anos.

Embora a "Oferta Mafiosa" seja uma poderosa ferramenta de *marketing*, existe outra estratégia de comercialização essencial para a saúde da empresa no longo prazo. Essa estratégia é a segmentação.

Segmentação

Um mercado é considerado segmentado somente quando o preço e a quantidade de um produto vendido em um mercado não sofrer o impacto do preço e da quantidade vendida em outro mercado. Por isso, a segmentação não consiste apenas em preencher um nicho de mercado.

Uma regra básica dessa estratégia é *segmentar os mercados, e não os recursos*. Isso lhe dá flexibilidade para alternar os produtos entre os mercados a seu bel-prazer. Nenhuma empresa pode prever com absoluta certeza o que cada um de seus concorrentes fará em um determinado momento. Além disso, ninguém pode predizer exatamente quando um novo concorrente ou produto, às vezes do exterior, será lançado no seu mercado e acabará com sua empresa. Para que a empresa mantenha-se saudável por muitos e muitos anos, ela deve atuar em um número suficiente de segmentos *independentes* (por exemplo, de 15 a 20 segmentos diferentes) de modo que, enquanto alguns segmentos possam enfrentar inesperadamente uma retração, outros estarão ao mesmo tempo se expandindo. Isso garante a receita da empresa e sua estabilidade, bem como protege os funcionários contra as incertezas do mercado.

No exemplo do distribuidor, uma maneira de a empresa fazer a segmentação é por áreas geográficas. Outra seria distribuir novos produtos para um mercado e peças para o mercado de reposição. Ou ainda assumir a distribuição de produtos de um setor totalmente diferente cujas tendências de alta ou de queda independessem do setor da comunicação sem fio.

As empresas que implantam essas duas idéias ("Oferta Mafiosa" e "segmentação") obtêm uma vantagem competitiva de normalmente dois a cinco anos, sem sofrer o efeito "montanha-russa" em termos de receita e lucro. Isso possibilita à empresa gerar uma demanda maior do que sua capacidade de produção, permitindo-lhe escolher seus clientes. Assim, a empresa pode prever o cenário com bastante segurança e oferecer estabilidade e satisfação a seus funcionários, evitando a espiral descendente de *downsizings* repetidos.

Inércia

Quando se quebra a restrição de mercado (e com uma "Oferta Mafiosa" válida e uma estratégia de segmentação ela definitivamente será quebrada), deve-se avançar para o passo 5, RETORNAR para o passo 1 e identificar uma nova restrição. No entanto, tenha muito cuidado: quando a restrição está no mercado, as decisões de explorar e subordinar introduzem novas regras que podem não mais ser válidas quando a restrição for outra.

Por exemplo, suponha que o distribuidor quebre a restrição de mercado reduzindo o *lead time* pela metade. Com o aumento nas vendas, a empresa tem agora uma restrição de capacidade produtiva. No passo 5 você também precisa levar outra coisa em conta quando for voltar para o passo 1. Reavalie com cuidado todas as regras atuais e faça as mudanças adequadas. Não deixe que a inércia se torne sua restrição.

No caso em questão, se a empresa continuar prometendo a todos os seus clientes de projeto um prazo de entrega de duas semanas para todos os produtos, ela começará a não cumprir os prazos prometidos e perderá os clientes para sempre. Assim, ao voltar para o passo 1, a nova regra será "prometer *lead times* baseados na capacidade de produção". Assim, dependendo de tal capacidade, o *lead time* estimado será de duas a cinco semanas. No entanto, levando-se em conta a capacidade, o *lead time* será cumprido em 100% das vezes. A empresa mantém sua reputação de confiabilidade não deixando que a inércia se torne sua restrição.

Resumo e Próximos Passos

Para passar do suporte de vendas a um *marketing* estratégico com "Ofertas Mafiosas" e segmentação, é preciso que a área de *marketing* aprenda novas habilidades e as utilize. Essa poderosa abordagem normalmente elimina a restrição de mercado em um ano.

Se você implantar essa abordagem e ainda tiver uma restrição de mercado, terá de acelerar o ciclo de desenvolvimento de produto. A abordagem revolucionária para uma redução no tempo de ciclo em 25% ou mais, também chamada de corrente crítica, será discutida em capítulo posterior.

A seguir, mostraremos como os Cinco Passos de Focalização, junto com G, I e DO, conferem a um só tempo simplicidade, controle e melhoria exponenciais às operações. As empresas que implantaram essa abordagem não mais alegam que problemas com quebras de máquina ou atrasos na entrega de seus fornecedores as impedem de controlar seu ambiente de produção. A solução de logística de operações descrita no próximo capítulo também responde a uma importante pergunta: como posso superar a mentalidade "silo", para que o setor de operações dê suporte à Visão Viável?

6

Operações

"Diga-me como me mede e eu lhe direi como me comportarei. Se meus medidores não forem muito claros, ninguém poderá prever como me comportarei – nem mesmo eu!"

Os gerentes da siderúrgica reclamavam que não tinham capacidade de produção suficiente para confeccionar todos os pedidos dentro do prazo. Quarenta por cento dos pedidos estavam atrasados. O diretor me mostrou o início do processo de produção, quando o fundidor pega o aço fundido e o transforma em blocos que posteriormente serão laminados na espessura desejada. As propriedades físicas do aço podem ser modificadas e o bloco, laminado em diferentes espessuras e tamanhos para atender às necessidades de diferentes clientes. Caminhei pela fábrica e vi o estoque em processo por todos os lados. Lá fora, enormes depósitos estavam lotados com bobinas de aço enferrujado. Infelizmente, ao contrário do vinho, o aço não melhora com o passar do tempo.

O diretor que me acompanhava na visita apontava para o horizonte, onde se podiam ver as chamas das fornalhas do concorrente. Ele comentou: "Não temos espaço suficiente em nossos depósitos para armazenar todas as bobinas de aço, por isso alugamos espaço daquele concorrente e de outros depósitos em um raio de 80 quilômetros". A empresa girava seu estoque, em média, 2,5 vezes ao ano. Fiquei imaginando por que ela produzia tudo aquilo e deixava enferrujar durante meio ano.

Na mesma fábrica, o diretor de vendas me disse que um cliente seu – uma indústria de conservas de atum da Costa Oeste dos EUA – havia feito uma encomenda de aço *seis meses atrás* para seus produtos enlatados. A siderúrgica estava atrasada na entrega do pedido. Uma vez que o metal que saía dessa primeira fábrica podia ser transformado em latas de atum em outras duas fábricas dentro de poucos dias, perguntei: "Por que este pedido está atrasado se o cliente o fez com uma antecedência de seis meses?". Com a expressão mais tranqüila do mundo, o diretor respondeu: "Por causa do fundidor. Nós não tínhamos capacidade para produzir o pedido dentro do prazo".

Essa resposta não fez o menor sentido para mim. Eu sei que *se há estoque de sobra, há capacidade de sobra*. A maior parte do estoque produzido não seria utilizada pelos clientes no curto prazo. Assim, ele ficava armazenado durante meses nos depósitos, enferrujando. Na verdade, a empresa tinha uma capacidade de produção em excesso, mas mesmo assim os gerentes literalmente *evitavam* produzir aquele produto, do qual alguns clientes precisavam. A pergunta que me intrigava é por que aqueles gerentes tão inteligentes tomavam atitudes que iam contra o bom senso?

Antes de explicar o problema básico por trás desse e de outros comportamentos que impediam a empresa de cumprir as metas do setor de operações, darei minha interpretação de tais metas.

A Atual Realidade do Setor de Operações

Em termos gerais, "operações" descreve a seqüência e a interação de processos diretamente envolvidos na fabricação de um produto ou na prestação de um serviço. Em uma indústria, estamos falando especificamente da função de produção. No caso de um banco que oferece hipotecas, por outro lado, a função operações inclui as tarefas realizadas pelos agentes, processadores dos financiamentos e aprovadores. Independentemente do ambiente de operações que você analisar, há três objetivos básicos:

1. Entrega no prazo (de acordo com a data originalmente prometida ao cliente)
2. *Lead time* relativamente curto, para atender ou superar as expectativas dos clientes de seu segmento de mercado
3. Produto ou serviço competitivo (em todos os aspectos nos quais operações tem algum impacto: custo de produção, qualidade, etc.)

Aqueles que nunca trabalharam na área de operações muitas vezes se admiram por ser tão difícil para os gerentes cumprir essas metas. Basta perguntar a alguns deles. Mesmo quando a produção é repetitiva, caso em que os mesmos itens são produzidos centenas de milhares de vezes ao longo do ano, os gerentes de operações jamais se abstêm de reclamações como estas:

- as máquinas estão sempre quebrando na hora errada
- os fornecedores entregam as encomendas com atraso
- a matéria-prima está abaixo dos padrões de qualidade
- as pessoas não aparecem para trabalhar no horário (ou sequer aparecem)
- o sindicato se recusa a cooperar
- os clientes mudam de idéia

A lista completa de reclamações verificadas no ambiente real é bem mais longa e todas elas são válidas, mas será que *realmente* explicam por que é tão difícil cumprir as metas de produção? Para ajudar os gerentes a encontrar a resposta para essa pergunta, Goldratt criou a "fábrica ideal", onde nenhum desses problemas acontece. Os gerentes de operações ficaram encantados ao ouvir falar dela, pois acreditavam que seria fácil obter lucro em uma fábrica assim. No entanto, entre os milhares de gerentes de operações que nela trabalharam, quase nenhum conseguiu obter lucro empregando apenas as abordagens tradicionais (caso você não tenha se dado conta, a fábrica ideal é uma simulação feita em computador). Não havia truques na simulação, e a fábrica ali descrita era muito mais simples do que qualquer situação da vida real. Então, como é possível explicar essas falhas, já que os problemas usuais não existiam?

A resposta surge à medida que se observa o comportamento dos gerentes que administraram a fábrica na simulação. Ao mesmo tempo em que eles procuram cumprir os prazos prometidos aos clientes, deparam-se com operários ociosos. Seu foco e tempo mudam constantemente entre manter os operários trabalhando e despachar os produtos para os clientes. Para os gerentes, ambas as necessidades são válidas. Quando todos estão trabalhando, eles acreditam que há maior chance de produzir mais. Quanto mais produzem em cada centro de trabalho, tanto mais acreditam que isso seja bom para a empresa.

O que os gerentes não compreendem muito bem é que manter os operários ocupados resulta em dois efeitos negativos gigantescos. O primeiro é que os operários criam uma montanha de estoque em processo desnecessária para atender às necessidades imediatas dos clientes, tal como se vê no exemplo da siderúrgica. O segundo é que, estando os operários ocupados produzindo peças que os clientes não querem, os gerentes não percebem que eles são necessários em outra área da produção, para atender à real demanda dos clientes. Por que os gerentes não enxergam isso? Porque os operários estão ocupados, o que os gerentes consideram "bom", segundo um de seus parâmetros.

Devido à lei de Murphy, que impera na área operacional e cria diversos problemas inesperados, os gerentes de operações têm dificuldade para entender qual a melhor maneira de administrar seus recursos. Quanto mais problemas o pessoal de operações enfrenta, tanto mais complexo é o modo como eles percebem seu ambiente. Eles acreditam que os problemas estão acabando com seu orçamento e com a utilização de recursos, dois parâmetros operacionais vitais que acreditam estarem ligados às três metas de operações.

Pressionados pelos parâmetros operacionais, os gerentes enfrentam a complexidade tentando resolver os contratempos que surgem de todos os lados. Eles tentam reduzir as quebras de máquinas, tentam contratar funcionários melhores, implementam um programa de melhoria de qualidade, buscam materiais de melhor qualidade junto aos fornecedores. Onde quer que haja um grande incêndio, é lá que os gerentes concentram toda a sua atenção. Porém, a despeito de todos os esforços, ainda assim o setor de operações precisa batalhar para cumprir as metas. As medidas operacionais variam de fábrica para fábrica. Por exemplo:

- Na siderúrgica descrita anteriormente, o planejador da produção, o programador, o chefe de cada turno e os executivos empregavam todos a mesma terminologia para descrever o sucesso do setor operacional, ou seja, *toneladas por hora*. Para atingir esse indicador operacional, todos trabalhavam de forma a produzir o máximo de toneladas por hora. O pessoal responsável por decidir o que deveria ser produzido escolhia aqueles itens mais rápidos de produzir, em detrimento daqueles de ciclo de produção mais lento. Por ser mais rápido transformar aço fundido em lâminas de duas polegadas de espessura do que em lâminas de apenas meia polegada, começamos a entender por que o pedido de latas para a indústria de conserva de atum estava atrasado e por que a maioria das bobinas enferrujando no depósito era mais espessa do que a média. Além disso, na área siderúrgica, o tempo necessário para reprogramar as máquinas e produzir um item diferente é de várias horas. Para evitar que as máquinas tivessem de ser reprogramadas a toda hora, o que diminuiria a produção de toneladas por hora, eles produziam muito além do necessário, para atender à demanda imediata do mercado. Assim, além de produzir as chapas de duas polegadas que ninguém queria, eles também as produziam em quantidades suficientes para cumprir suas metas.

- Na indústria do tabaco, o parâmetro é a quantidade de cigarros produzidos por turno, em cada tipo de máquina. Existem dois tipos principais de operários nas fábricas de cigarro: o operário "processador", que produz o cigarro com fumo, papel e filtro, e o operário "embalador", que coloca os cigarros prontos nos pacotes e nas caixas. Como os operários processadores são avaliados, *em cada processo*, quanto ao número de cigarros produzidos por turno, freqüentemente eles permitem que cigarros malfeitos sigam até a área de embalagem, embora os defeitos possam facilmente ser detectados ainda na área de processamento. Também com freqüência os embaladores deixam de realizar serviços urgentes de manutenção e limpeza para poder maximizar sua produção por turno, agravando o problema no turno seguinte.

- Analisemos uma empresa do ramo de construção que produz janelas para casas. A área de colocação de vidros estava ociosa na maior parte do tempo, mas os gerentes achavam que aquela era o seu maior gargalo de produção. Goldratt diz que observar esse tipo de fábrica é como "observar uma cobra que engoliu uma cabra. Pode-se ver grandes lotes de janelas passando de um setor para o outro, da mesma forma que se vê a cabra passando ao longo do corpo da cobra!". Nessa fábrica, ou o setor de vidraçaria tinha um grande lote de janelas a processar, ou então nada tinha a fazer. Esses grandes lotes estavam sendo usados para cumprir uma meta de produção "eficiente" em cada centro de trabalho.

A característica comum a todos esses exemplos é o indicador básico de eficiência que determina o comportamento das pessoas da área operacional. Tais indicadores locais de eficiência procuram estimular operações com boa relação custo-benefício, mas muitas vezes elas involuntariamente produzem o efeito contrário sobre o sistema como um todo.

Como vemos, os gerentes de operações encontram-se diante de um dilema. Eles precisam trabalhar constantemente para reduzir o desperdício (horas extras desnecessárias, sucata, baixo volume de produção). Para tanto, adotam medidas locais de eficiência, basicamente com pessoas ou máquinas, ou volume de produção por unidade de tempo. De maneira a atingir os indicadores de eficiência, eles produzem grandes lotes, ou itens que tenham um tempo de reprogramação menor, ou volumes que cumpram as metas de produção por turno, mesmo às custas da manutenção preventiva, ou, ainda, produzem quantidades maiores do que o necessário para atender à demanda imediata do mercado. Vi dezenas de variações desse tema.

Ao mesmo tempo em que os gerentes concentram sua atenção na eficiência, eles lutam para cumprir os prazos prometidos aos clientes e para aumentar o fluxo. A fim de cumprir os prazos, eles passam por cima das medidas de eficiência – não só uma ou duas vezes, mas dia após dia.

Há décadas a premissa no setor de operações é que as medidas locais de eficiência são essenciais para reduzir o desperdício e cumprir as metas de produção. Por trás dessas medidas de eficiência está a suposição de que qualquer recurso ocioso é um desperdício. Quando se faz uma reprogramação na área de operações, as máquinas ficam paradas, o que é encarado como desperdício. Quando as pessoas estão paradas, aguardando algum acontecimento na produção (manutenção, trabalho fluindo de outro centro de produção, etc.), isso também é considerado desperdício. A premissa depende da definição de desperdício. Na área de produção, "desperdício" normalmente é comparado a recurso "ocioso". Esse "desperdício" é medido localmente, de acordo com seu impacto local. Somos novamente afetados por uma variação da regra de adição, inválida, descrita no Capítulo 3, pela qual a soma das eficiências locais é igual aos resultados globais. Quando se avalia essa premissa em relação ao sistema como um todo, verifica-se que ela está totalmente errada.

No exemplo da siderúrgica, a fundição operava a todo vapor sete dias por semana, vinte quatro horas por dia. O resultado era um estoque enferrujado no valor de US$ 750 milhões. Os gerentes operacionais também procuravam operar cada uma das unidades da fábrica o mais perto possível de 100%, um total desperdício.

A premissa de que "um recurso ocioso é um desperdício" não é verdadeira. Na verdade, a seguinte prova mostra que de tempos em tempos é bom ter a maioria dos recursos parados.

Em cada operação existe uma cadeia de processos interligados para produzir algo ou prestar um serviço, como podemos ver na Figura 6.1. Embora isso não acon-

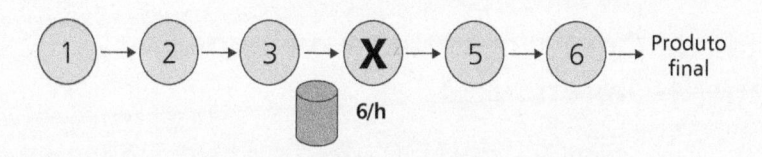

1 → 2 → 3 → **X** → 5 → 6 → Produto final
        6/h

FLUXO DE MATERIAL

Figura 6.1. Recurso ocioso é desperdício?

teça sempre em seqüência, existe uma direção de fluxo. Neste exemplo, começaremos procurando usar 100% de um recurso, que chamaremos de Recurso X. Nesse caso, 100% significam seis unidades por hora. Para reduzir ao mínimo o desperdício em nosso sistema, programamos os processos de tal forma que *cada* recurso produz a uma taxa de seis unidades por hora.

Mas o que significa "seis unidades por hora"? Essa é uma taxa média. Para alcançá-la, às vezes as máquinas produzem a uma taxa superior à essa e outras vezes estão paradas e produzem zero unidades por hora. Se o Recurso 3, o recurso que abastece o Recurso X, parar, esse último fica sem materiais e também pára de produzir. Portanto, para cumprirmos nossa meta de 100% de utilização, fomos espertos e colocamos um balde de trabalho em frente ao Recurso X, para protegê-lo de flutuações nos processos que o antecedem.

Assim, se os Recursos 1, 2 e 3 pararem, o Recurso X poderá continuar trabalhando. O balde de trabalho colocado à sua frente está parcialmente vazio. Quando os recursos localizados antes dele recomeçam a produzir, eles continuam colocando trabalho dentro do balde parado em frente a X. No entanto, como sua capacidade de produção é de seis unidades por hora e X continua retirando trabalho do balde na mesma velocidade, o balde nunca fica cheio até a borda. Na terceira ou quarta interrupção dos processos antes dele, o balde fica vazio e X pára de trabalhar, ficando ocioso.

Isso significa que, para usar apenas *um* recurso, o Recurso X, a 100% da capacidade, *todos* os outros recursos necessitam de uma capacidade maior que a de X (capacidade protetiva), para que possam encher o balde! Todavia, existe uma outra questão importante! Se você utilizar essa capacidade protetiva e todos os recursos trabalharem a 100% dessa capacidade, eles acabarão gerando um estoque muito maior do que X jamais será capaz de processar. Esse estoque ficará nas prateleiras juntando pó, o que é um total desperdício. Por isso, aqueles recursos devem ter capacidade de proteção, mas não devem utilizar 100% dela, exceto quando precisarem recuperar-se de um contratempo. Mostramos assim que, para todas as funções operacionais, a premissa de que "um recurso ocioso é um desperdício" é totalmente incorreta.

Embora esse exemplo seja válido do ponto de vista científico, o setor de operações precisa de muito mais do que uma simples prova científica das décadas de raciocínio falho. Precisa de uma solução completa que ajude os gerentes a cumprir seus prazos e ao mesmo tempo reduzir o desperdício (estoque, capital ou pessoal). Vejamos como usar os Cinco Passos de Focalização para chegar a uma solução.

O Setor de Operações Utiliza o Novo Sistema de Referência

A solução logística resultante dos Cinco Passos de Focalização é chamada de Tambor–Corda–Pulmão ou TPC[1]. Comecemos com o passo 1, IDENTIFICAR a restrição do

---

[1] Para uma descrição completa da solução Tambor–Corda–Pulmão, veja *TOC Insights em Operações* e *Produção Segundo a TOC* na Bibliografia.

sistema. Analisando durante várias semanas como a operação se comporta, onde está o grande gargalo? Que recurso – mais do que qualquer outro – gera mais ganho em toda a operação? Onde é possível ver trabalho parado na maior parte do tempo? Onde os supervisores checam primeiro para localizar um pedido parado? Essas perguntas mostram onde está a restrição na área de operações. Se você reunir toda a intuição dos supervisores, programadores e gerentes, tal pergunta poderá ser respondida bem depressa.

Goldratt chama a restrição no setor de operações de "tambor". Esse termo surgiu de uma analogia com os tocadores de tambor do exército de alguns séculos atrás, os quais determinavam o compasso em que todos os soldados marchavam. A capacidade do tambor determina o ganho que podemos gerar para a operação inteira. Por isso, uma hora perdida pelo tambor é uma hora perdida por toda a operação.

O passo 2 diz que devemos decidir como EXPLORAR a restrição do sistema. Lembre que explorar significa que não devemos desperdiçar o precioso recurso do tambor. Seria um desperdício o tambor ficar parado, esperando trabalho necessário para atender à demanda dos clientes. Assim, para explorar o tambor, faremos de tudo para assegurar que sempre haja um "pulmão" de trabalho parado em frente a ele. Desse modo, o tambor não será afetado por interrupções nas atividades anteriores à dele. Ou seja, nossa meta é impedir que o tambor fique sem trabalho em razão de contratempos antes dele.

Que tamanho deve ter o pulmão? O pulmão é expresso em unidades de tempo, e não em quantidade, já que geralmente as unidades de trabalho não são uniformes em relação ao tempo necessário para o tambor processar o trabalho. O pulmão é um amortecedor dos contratempos que surgem antes dele; por isso, é regulado de forma que os gerentes tenham tempo suficiente para investigar e solucionar os contratempos. Grosso modo, sugerimos cortar o *lead time* atual pela metade, o que não é tão ruim assim para começar! Por exemplo, se nesse momento a quantidade atual de trabalho (em média) em frente ao tambor for suficiente para dois dias, diminua o pulmão para um volume de trabalho de um dia.

Para explorar o tambor, é preciso fazer uma programação detalhada, a fim de liberar matéria-prima para o primeiro processo no fluxo de trabalho. Por exemplo, se estimamos que o material levará dez horas para fluir desde o primeiro processo até o tambor e quisermos que ele chegue ao tambor às dez horas da manhã, devemos liberar a matéria-prima para o primeiro processo à meia-noite. Esse procedimento intitula-se amarrar a "corda". Para garantir que o trabalho flua através da fábrica a tempo de cumprir o prazo, *amarramos* a liberação das matérias-primas para a primeira operação ao tempo em que elas devem chegar no pulmão colocado junto ao tambor.

Alguns supervisores, operários e gerentes criativos eventualmente tomam decisões diferentes quanto ao modo de explorar uma restrição. Por exemplo, muitas vezes eles decidem que a restrição será a prioridade número 1 da manutenção. Também fazem o possível para garantir cobertura total do tambor durante as paradas na produção.

O passo 3 requer que todos se SUBORDINEM às decisões tomadas. Isso significa que a manutenção largará tudo o que estiver fazendo e correrá até o tambor, caso ele fique parado. Significa que os especialistas em qualidade terão de identificar problemas de matérias-primas e de estoque em processo *antes* de chegarem ao tambor. O setor de compras fará o melhor que puder para assegurar que as matérias-primas atendam às especificações necessárias para que o tambor tenha um bom desempenho. Os operários da fábrica farão intervalos escalonados para que o tambor não fique ocioso. O supervisor do recurso tambor irá monitorar o trabalho que flui através dele, para certificar-se de que ele não ficará parado devido a imprevistos.

Embora haja uma programação detalhada amarrada ao recurso tambor, não existe qualquer cronograma específico para os outros centros de trabalho. A vida de cada um ficou muito mais fácil. Toda a linha de produção é como uma corrida de revezamento, destinada a fazer o trabalho fluir o mais rápido possível através da fábrica, até o tambor e através dele. Eles se guiam por uma ética de trabalho semelhante à dos atletas de uma corrida de revezamento. Quando há trabalho em sua unidade, eles o processam o mais rápido possível e o passam adiante, para o centro de trabalho seguinte. O tamanho dos lotes foi diminuído, para ajudar o trabalho a fluir mais rapidamente de um centro de trabalho para o outro. Quando um centro não tem trabalho, ele não fica produzindo sem necessidade, só para se manter ocupado. Em vez disso, mantém-se a postos, como um corredor de revezamento, pronto para agarrar o bastão e começar a produzir o que for *necessário* assim que chegar à sua estação. Se houver mais de uma tarefa a ser realizada naquele centro, a prioridade será determinada pelo prazo dentro do qual cada pedido de produção tiver de chegar ao tambor.

A abordagem usada para monitorar o fluxo de trabalho e tomar medidas antes de ocorrer um imprevisto mais significativo é o gerenciamento do pulmão. Esse gerenciamento também registra as razões pelas quais o pulmão está ficando quase esgotado. Com o auxílio do Princípio de Pareto, a empresa avalia a causa da maior parte das penetrações no pulmão nas semanas anteriores e emprega então o método mais adequado para reduzi-las. Por exemplo, se a causa principal foi o atraso na entrega de matérias-primas por parte de um determinado fornecedor, foi identificado um ponto que requer atenção por parte do setor de compras. À medida que a situação melhora, o pulmão pode ser diminuído, pois já não é mais necessário um amortecedor tão grande para contornar imprevistos. À medida que o pulmão diminui, diminui também o *lead time*. Temos agora uma situação de PMC (Processo de Melhoria Contínua).

Além disso, a abordagem Tambor–Corda–Pulmão nos fornece uma válvula de escape para ELEVAR, ajustando a capacidade do setor de operações à medida que a demanda de mercado cresce. Simplesmente aumenta-se a capacidade do tambor, lembrando também de garantir suficiente capacidade protetiva de todos os outros recursos que dão apoio à programação do tambor.

Minha experiência com o fabricante de janelas é o exemplo típico dos resultados que se obtêm com essa abordagem. Antes da abordagem Tambor–Corda–Pulmão e dos Cinco Passos de Focalização, eles achavam que deveriam ELEVAR acrescentando mais um turno à produção; o turno atual havia esgotado sua capacidade de atender à demanda do mercado. Depois de implantar os passos IDENTIFICAR e EXPLORAR da solução Tambor–Corda–Pulmão, eles descobriram que tinham capacidade em excesso e que não precisavam acrescer mais um turno de trabalho. O esquema Tambor–Corda–Pulmão e o gerenciamento do pulmão mostram quando e onde é preciso ELEVAR.

Como relatado no estudo de Mabin e Balderstone mencionado anteriormente, uma produção que aplica a metodologia Tambor–Corda–Pulmão apresenta, em média, uma melhora de 70% no *lead time*, ao mesmo tempo em que também melhora seu desempenho no quesito cumprimento de prazos. Além disso, o desperdício diminui. Com o novo sistema de referência, temos um ponto de alavancagem e uma simplicidade muito maiores para administrar o setor de operações.

Resumo e Próximos Passos

Todas as empresas têm uma capacidade-limite em suas operações, uma restrição que determina a quantidade de produtos ou serviços que elas são capazes de oferecer ao mercado. No entanto, muitas vezes as empresas não a identificam ou exploram. Sem isso, elas tentam administrar a área de operações medindo *cada* recurso individualmente, quanto à eficiência de sua utilização. Essa prática muito comum tem inúmeros efeitos negativos. Todos os recursos são estimulados a trabalhar em sua capacidade máxima. Em conseqüência, muitos deles trabalham sem gerar ganho para a empresa, mas, em vez disso, aumentam o estoque e outras despesas.

Quando se tem maior controle sobre as operações e sua capacidade, é preciso adotar medidas também em outras áreas, para fazer com que tal capacidade signifique um aumento de lucro. Se a empresa tem atividades de distribuição ou varejo, ou vende vários produtos de forma repetida para os clientes, é bastante provável que empregar uma abordagem correta na questão de distribuição será essencial para atingir a Visão Viável. No próximo capítulo explicaremos qual é a solução adequada de distribuição para atingi-la.

Caso a empresa não tenha canais de distribuição, a principal preocupação imediata será o tempo gasto no desenvolvimento de um novo produto até seu lançamento no mercado, ou uma maior velocidade de modificações na engenharia do produto, ou uma implementação mais rápida de sistemas informatizados. O fato é que não importa onde está a restrição, é preciso que o projeto tenha uma gestão eficiente. Felizmente, o novo sistema de referência tem sido aplicado para reduzir a duração dos projetos em pelo menos 25% ou mais. O Capítulo 8 descreve a corrente crítica, uma forma holística surpreendente de planejar e executar projetos que está conquistando o mundo.

7

Distribuição: Puxar em vez de Empurrar

> *"A cadeia de lanchonetes McDonald's tem tantos giros de estoque que é grande a probabilidade de que o hambúrguer que você está comendo hoje ainda ontem estivesse mugindo."*

Em média, a vida útil de um taco de golfe é de nove meses. No boliche, as bolas têm vida útil inferior a seis meses. Inúmeros produtos médicos, inclusive as luvas cirúrgicas, têm vida útil de menos de dois anos. Não estamos falando aqui de prazo de prateleira ou afirmando que o produto estrague depois disso.

O que estamos descrevendo é a percepção que o lançamento de novos produtos ou seus substitutos causa, fazendo os artigos atuais parecerem obsoletos ou de pouco valor. Portanto, não é de admirar que os distribuidores e lojistas odeiem dispor de grandes quantidades em estoque! Ao mesmo tempo, eles sofrem de uma paranóia contrária – não ter estoque suficiente e perder uma venda.

Se administrada corretamente, uma menor vida útil de um determinado produto pode significar uma oportunidade de ouro para aumentar as vendas e os lucros das empresas. Como veremos, porém, na distribuição o antigo sistema de referência (eficiência local) estimula a formação de montanhas de estoques desnecessários na cadeia de suprimento, ao mesmo tempo em que perpetua a falta de estoques.

Um sistema de distribuição administrado de forma holística aumentará o ganho em toda a cadeia de suprimento no mínimo de seis maneiras diferentes, como veremos neste capítulo. Muitas vezes, o impacto potencial sobre o volume de negócios e o lucro é maior devido a aumentos de ganho do que à redução de estoques. Ainda bem que a solução de distribuição não nos obriga a fazer uma escolha. Maior número de giros de estoque, maior ganho e menor estoque resultam da mesma abordagem holística.

O Atual Sistema de Referência da Cadeia de Suprimentos

Pressionados por soluções ideais locais, os fabricantes empurram o estoque para a cadeia de distribuição tão logo ele é produzido. A contabilidade de custos premia tais fabricantes no curto prazo, registrando esse movimento do estoque nos livros contábeis como vendas e lucros, embora nenhum cliente tenha feito compras.

O estoque apenas foi transferido das instalações do fabricante para os depósitos do distribuidor. Quanto mais tempo o estoque ficar estacionado no depósito do distribuidor, maior o risco de obsolescência, maiores os custos de manutenção de estoque para o distribuidor e, portanto, menores os lucros. Para o distribuidor, o lucro está diretamente atrelado ao número de vezes que ele consegue girar o estoque. Assim, o fabricante, o distribuidor e cada elo posterior da cadeia põem-se a empurrar o estoque até que ele chegue às lojas (se houver esse elo na cadeia) e/ou ao consumidor final.

Em uma cadeia de suprimentos sobrecarregada com excesso de estoque[1], a maior parte dele está no varejo, ao passo que há pouco ou nenhum estoque nas instalações do fabricante. Por outro lado, os clientes não encontram nas lojas aquilo que procuram.

Por que os lojistas mantêm tanto estoque, se ele fica encalhado na prateleira a maior parte do tempo? Por que toleram uma obsolescência tão cara, altos custos de manutenção de estoque e ainda permitem que os clientes saiam da loja sem o produto que vieram comprar? Para responder a essa pergunta, relacionarei esse comportamento do varejo às políticas e práticas adotadas pelos fabricantes e distribuidores.

Muitos fabricantes e distribuidores oferecem descontos por volume para cada pedido individual. Além disso, muitos deles têm uma política de fretes que penaliza o lojista que faz pedidos em pequena escala. Considerando que a maioria das lojas concorre com outras lojas instaladas perto delas e que vendem os mesmos produtos, elas precisam ter uma base de custos similar para manter-se competitivas em termos de preços e margens de lucro. Por isso, os distribuidores fazem pedidos grandes junto aos fabricantes, para obter melhores descontos por pedido. É por esse motivo que os lojistas dispõem de estoques muito maiores do que o necessário para atender à demanda imediata, levando-se em conta o tempo exigido para reposição de produto. Com esse volume de estoque em casa, mesmo que o consumidor mude de preferência ou que os fabricantes substituam os produtos atuais por novos produtos, os lojistas ficam empurrando o estoque atual para o consumidor. Pode-se observar esse fenômeno no mercado de automóveis, computadores, telefones celulares, etc.

---

[1] Essa é apenas uma das formas de uma cadeia de suprimentos pouco saudável. Outra forma foi descrita no último capítulo sobre operações, em que o fabricante de aço tinha quase um bilhão de dólares de estoque enferrujando no depósito, enquanto que a demanda dos clientes não era atendida.

Quando tomam conhecimento de que um novo modelo está para ser lançado no mercado, os lojistas correm para se livrar dos modelos antigos a preços de liquidação total ou com ofertas especiais, ansiosos para evitar a obsolescência. Com essas promoções em massa, os lojistas acabam com o mercado para o novo produto e com suas margens de lucro. Muitos consumidores que teriam adquirido o modelo novo têm agora o modelo velho nas mãos.

Há também um outro efeito devastador sobre a cadeia de suprimentos que atua dessa forma. Ao empurrar a maior parte de seus estoques para os lojistas, os fabricantes e distribuidores se distanciam das novas tendências de seus mercados. Em muitos casos, pelo fato de haver vários meses de estoque encalhado no atacado e no varejo, os pedidos enviados aos fabricantes e distribuidores demoram muito tempo para refletir mudanças de demanda por parte dos consumidores. Quanto menor o número de vezes que o estoque gira em cada nível da cadeia de suprimentos, maior o tempo necessário para os fabricantes compreenderem e reagirem às novas tendências.

Existe ainda um outro efeito bastante negativo. Embora haja um excesso de estoque na cadeia de suprimentos, os clientes entram na loja para comprar um determinado produto, mas não o encontram. No entanto, é comum que aquele produto em falta na loja esteja "mofando" em grandes quantidades nas prateleiras de algum outro ponto da cadeia de suprimentos! Isso acontece devido ao hábito de empurrar grandes quantidades de cada referência de produto para os lojistas, *de uma maneira que não atende à demanda do consumidor final*.

Nesse mundo de soluções locais individuais, os fabricantes continuam produzindo e despachando mercadorias para os distribuidores, às vezes os "ameaçando" com preços mais altos ou com a perda de exclusividade, no caso de o distribuidor não aceitar a mercadoria. Os distribuidores fazem o mesmo com seus clientes lojistas, até que a cadeia de suprimentos esteja completamente entupida de produtos que os consumidores finais não estão mais comprando. Quando se chega a esse ponto, os danos já são consideráveis. Há estoques demais no sistema, e a parte da cadeia de suprimentos com o estoque maior é a que mais sofre as conseqüências. Os lojistas vão à falência. Os distribuidores perdem dinheiro. Os fabricantes... bem, veja o que aconteceu com a Lucent, a Nortel e tantas outras[2].

Implementando os Cinco Passos de Focalização

Para implementar o passo 1 (IDENTIFICAR a restrição do sistema) na distribuição, é preciso analisar os canais de distribuição e perguntar-se o que mais contribui para gerar ganho em um canal de distribuição específico.

Vemos canais de distribuição empacarem no passo 2, EXPLORAR. Antes de gastar mais dinheiro para atrair mais clientes, não desperdice aqueles que vêm até você.

---

[2] É claro que nem todos os problemas dessas empresas foram causados por más políticas de distribuição. No entanto, elas interagem com outros problemas e os intensificam.

É um total desperdício quando os clientes não compram porque não encontram um produto em um determinado lugar, mas o mesmo produto está mofando na prateleira em algum outro ponto da cadeia de suprimentos. Para evitar a perda de um cliente, devemos aumentar as chances de termos o estoque certo, no tempo e no lugar certo, para atender à demanda do consumidor final. Para isso, devemos responder às seguintes perguntas:

- Qual é o local ideal para manter a maior parte do estoque?
- Qual é a logística correta de reposição de estoque entre o fabricante e os distribuidores e entre os distribuidores e os lojistas?

Comecemos com a primeira pergunta. A demanda de consumo varia muito de uma área geográfica para outra. E em uma área específica ela pode variar dia a dia. Há um certo descompasso de tempo entre os desejos do consumidor final e as reações da cadeia de suprimentos. Tudo isso faz com que prever a demanda de um produto qualquer no nível do lojista seja um desafio monumental.

Os fabricantes muitas vezes tentam enfrentar o desafio gastando milhões de dólares em sistemas cada vez mais sofisticados de previsão, sendo o resultado insignificante ou quase nulo. De mais a mais, um sistema de previsão não faz o consumidor final reagir de forma mais racional ou previsível. Para explorar a restrição (o cliente que quer comprar), devemos nos afastar das soluções sofisticadas e adotar uma solução muito mais simples.

Dois passos são essenciais para solucionar de modo permanente os problemas de atendimento, estoque e obsolescência dentro do ambiente de distribuição:

1. Concentre o estoque no local onde há maior previsibilidade.
2. Implemente um sistema puxado para repor cada artigo individualmente, com base no que foi vendido em um curto espaço de tempo.

Se você fosse o gerente de logística de um grande fabricante de calçados, qual seria a forma ideal de distribuir o estoque de sapatos marrons tamanho 37 por toda a cadeia de suprimentos? Não é possível prever se alguém irá comprar sequer um único par daquele modelo em uma determinada loja. No entanto, a certeza é muito maior quando se trata de quantidades vendidas no mercado nacional. *Quanto mais macro for o nível sobre o qual você faz as previsões, maior será a previsibilidade.* A previsibilidade diminui quando se passa do nível nacional para o nível regional, do regional para o nível municipal e do municipal para um ponto de vendas específico.

Com base nessa previsibilidade, o mais lógico seria manter o estoque na fábrica em que ele foi produzido, um pouco menos lógico mantê-lo no distribuidor e menos lógico ainda na loja (veja a Figura 7.1). Obviamente, a reposição de estoque teria de ser feita em um *lead time* bem mais curto. Assim, as chances de que haja falta de estoque em um determinado local são menores e as tendências se tornam evidentes muito mais rápido, havendo, conseqüentemente, menor desperdício.

Distribuição: Puxar em vez de Empurrar

Antes dos Cinco Passos de Focalização

[Diagrama: Fabricante (Estoque produtos acabados) → 2 Distribuidores (Estoque) → 4 Lojistas (Estoque)]

Depois dos Cinco Passos de Focalização
- Redução do estoque total (em 50% ou mais)
- Nível de atendimento acima de 95%
- A logística de transporte mudou

[Diagrama: Fabricante (Estoque produtos acabados) → 2 Distribuidores (Estoque) → 4 Lojistas (Estoque)]

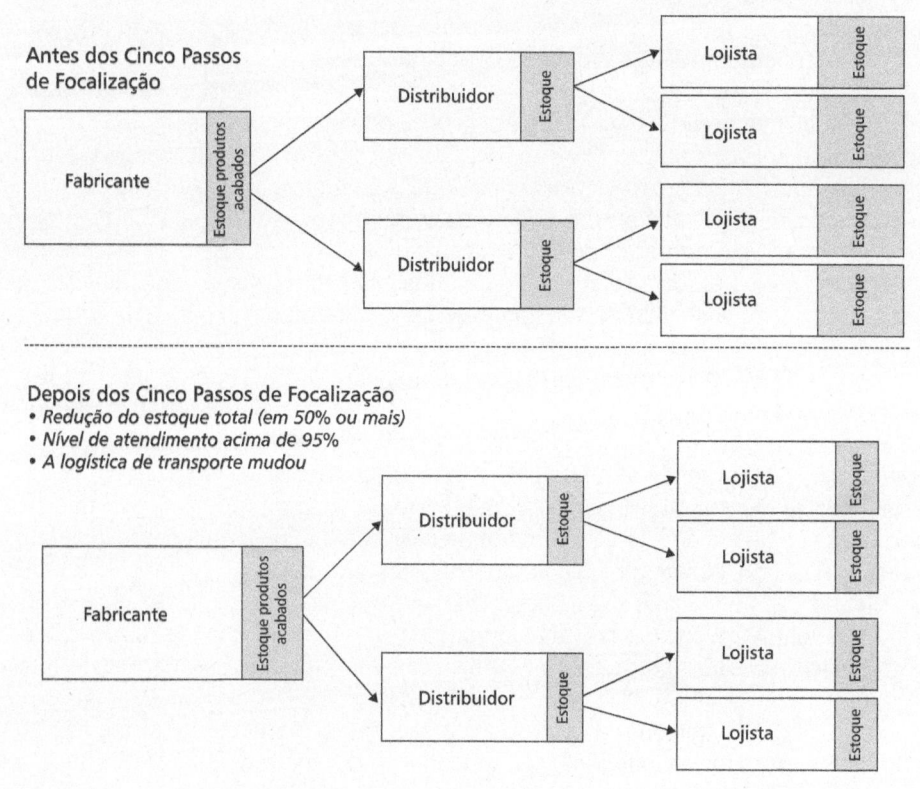

Figura 7.1. Explorar e subordinar na distribuição.

Por exemplo, suponha que uma loja de calçados tenha hoje um estoque de três meses para cada referência de sapato. Essa necessidade foi calculada com base no *lead time* total de reposição. Este é formado de:

- *lead time* de transporte
- *lead time* de produção – o tempo que o fabricante leva para produzir o produto
- *lead time* de pedido – o tempo que transcorre entre o momento em que o lojista vende o primeiro item e o tempo que leva para encomendar novamente.

O fornecedor controla o *lead time* de transporte e produção, e o lojista controla o *lead time* de pedido. Acontece que o *lead time* de pedido normalmente oferece a melhor oportunidade de melhoria. Na abordagem tradicional, os lojistas fazem novos pedidos quando o estoque atinge uma quantidade mínima (normalmente chamado de sistema mínimo/máximo, pois eles encomendam uma quantidade suficiente para repor o estoque até o nível máximo). No passo EXPLORAR, implantaremos um sistema puxado no qual o lojista faz um pedido, dentro de um determinado período, exatamente na quantidade vendida no período anterior.

Em nosso novo sistema, o *lead time* de transporte permanece o mesmo. Agora que o estoque de produtos acabados permanece no depósito da fábrica, o lead time de produção é zero; a fábrica deveria ter produtos em estoque no depósito. A grande diferença normalmente está no *lead time* de pedido. Em vez de aguardar de dois a dois meses e meio até que o estoque de um determinado item chegue ao limite mínimo para então fazer um novo pedido para suprir os próximos dois a três meses com o referido artigo, no novo sistema puxado o lojista encomenda somente aquelas referências que tiveram saída na semana anterior e nas quantidades exatas vendidas. Assim, o lead time de pedido cai de meses para alguns poucos dias.

Isso significa que o nível de estoque que o lojista precisa manter de cada item para cobrir o *lead time* de reposição é muito menor. Significa também que a possibilidade de ficar durante várias semanas com o produto em falta porque inesperadamente houve uma grande saída dele é quase nula. Nesse novo sistema, os níveis de atendimento crescem muito, ao passo que o estoque total na cadeia de suprimentos normalmente cai em dois terços! O sistema reage muito mais rapidamente à variabilidade e à incerteza da demanda. Ele também simplifica bastante a vida do distribuidor e do lojista. Em vez de se preocuparem com pedidos para três meses de estoque e discutirem que produtos e em quais quantidades os clientes irão consumir a longo prazo, os artigos e as quantidades a encomendar são automaticamente baseadas nas vendas.

Com o espaço adicional liberado na loja pela redução dos altos estoques, podemos fazer com que o lojista ofereça uma variedade maior de nossos produtos! E maior variedade significa mais vendas.

Quanto ao custo de transporte, nos casos reais em que isso foi implantado a configuração de cada remessa de mercadorias era diferente, mas a freqüência e o custo de transporte permaneceram praticamente os mesmos. Em vez de despachar cinqüenta unidades (suprimento para três meses) de dez artigos, remetem-se dez unidades (suprimento para três semanas) de cinqüenta artigos diferentes.

Nas cadeias de distribuição que mudaram a logística seguindo esses princípios, as estatísticas são surpreendentes. As despesas operacionais gerais (considerando-se a combinação de custos de transporte, transferências entre depósitos, custos de manutenção de estoques, devoluções e custos de obsolescência) caíram drasticamente.

As empresas de sucesso não param no passo EXPLORAR. Ao centrarmos a atenção no passo 3, SUBORDINAR, reduzimos substancialmente o risco de fracasso.

Mesmo em uma empresa individual que tenha seus próprios centros de distribuição e varejo, o passo SUBORDINAR precisa da adesão de toda a equipe de funcionários. No caso de mais empresas, como na cadeia de suprimentos, é preciso superar sistematicamente a resistência à mudança; caso contrário, a solução será abortada já no início.

SUBORDINAR significa que todas as partes da cadeia de distribuição, inclusive os fabricantes, precisam adotar uma atitude de *"enquanto o consumidor final não comprar, nós não vendemos!"* Os indicadores atuais devem mudar, estimulando a puxar, e não a empurrar estoque. Isso é especialmente importante para o fabricante, já que agora é ele quem armazenará em seu depósito uma parte considerável do estoque total dos produtos acabados circulando pela cadeia de suprimentos[3].

No passo SUBORDINAR, a empresa instala o *software* do sistema puxado e implementa os novos procedimentos. Um estoque mínimo necessário para cobrir as flutuações na demanda e o tempo de transporte durante um curto período de tempo é mantido com o lojista (ou no nível mais próximo do consumidor final). O distribuidor mantém um estoque mínimo necessário para cobrir as flutuações de demanda de seus clientes mais o tempo gasto com transporte de mercadoria para repor estoque, desde o fabricante até o distribuidor. O fabricante mantém um estoque maior, para cobrir as flutuações de demanda por parte do distribuidor mais o tempo de ciclo para fabricar uma quantidade suficiente para repor o estoque de produtos acabados de sua fábrica. É claro que você precisa calcular esses dados baseando-se na confiabilidade do transporte e do fabricante.

No sistema puxado, se o fabricante quiser lançar no mercado um produto novo ou um novo modelo de um produto já existente, ou mesmo substituir um produto com defeito, ele precisa cobrir somente um terço do estoque que mantinha anteriormente. O *lead time* para substituir produtos é muito mais curto, e o custo, muito menor.

Algumas das empresas de maior sucesso no mundo atualmente estão usando esse sistema, desde fabricantes de computadores até grandes lojas varejistas ou fabricantes de malas. Dê uma olhada no giro de estoque dos fabricantes e distribuidores altamente lucrativos; os números falam por si mesmos. Eles implantaram o verdadeiro sistema puxado.

E quanto ao passo 4, ELEVAR? Os distribuidores podem ter de implementar esse passo se, por exemplo, quiserem abrir novos mercados geográficos. Com o dinheiro que ficou disponível com a implantação dos três primeiros passos de focalização, torna-se muito mais fácil abrir novos pontos de distribuição. E mais, o custo para instalar esses novos pontos de distribuição é muito menor, devido ao menor estoque.

Seis Maneiras Como o Sistema Holístico de Distribuição Aumenta o Ganho

1. Ter estoque suficiente de cada produto no local certo e na hora certa para atender à demanda aumenta o nível de atendimento (o porcentual de vezes em que o comprador encontra o artigo na loja e, portanto, consegue efetuar a compra).

---

[3] Para uma discussão mais detalhada da solução de distribuição e indicadores, veja *TOC Insights em Distribuição* na Bibliografia.

2. Com menos estoque e, portanto, menos espaço na prateleira necessário para cada artigo, o distribuidor e o lojista podem oferecer uma maior variedade de itens, aumentando, assim, o ganho com o mesmo espaço físico.
3. Com menos estoque por item, as liquidações para desfazer-se de estoques muito altos são menos freqüentes. Isso significa que tanto as margens de lucro como a receita das vendas aumentam. Significa também que as liquidações de produtos obsoletos não irão estragar o mercado para os novos produtos.
4. Com menos estoque por item, a obsolescência é menor, levando a uma maior satisfação dos consumidores e, portanto, a mais vendas. Os produtos nas prateleiras são mais novos e, conseqüentemente, mais atraentes. Isso pode causar um grande impacto sobre o ganho com artigos que tenham prazo de validade.
5. Quando o estoque acaba e a reposição acontece mais rapidamente, a probabilidade de o comprador recorrer ao produto da concorrência é bem menor.
6. Uma reação mais rápida às mudanças da demanda gera menos situações de estoque zero.

Resumo e Próximos Passos

Muitos distribuidores insistem muito com os fabricantes para manter um estoque menor e sob melhores condições. Ao mesmo tempo, os fabricantes tentam muitas vezes fazer o contrário – empurrar grandes quantidades de estoque para os distribuidores e lojistas e sob condições mais agressivas. Cada elo da cadeia de suprimentos procura empurrar seu estoque o mais rápido possível para o elo seguinte. Isso gera um enorme volume de estoque no varejo. Uma vez que o lojista tente fazer uma previsão com vários meses de antecedência daquilo que os consumidores desejarão comprar, e coloque pedidos de acordo com suas previsões, é 100% certo que eles terão estoque demais de alguns itens e estoque de menos de outros durante esse longo espaço de tempo.

O novo sistema de referência (G, I, DO e os Cinco Passos de Focalização) acaba com essa bobagem de sistema empurrado, passando para o sistema puxado. O estoque permanece onde é mais lógico mantê-lo (menos no varejo, e mais no fabricante e nos depósitos regionais). Isso é absolutamente viável quando o prazo para repor mercadorias no varejo cai consideravelmente. Com essas mudanças, o estoque total circulando na cadeia de suprimentos cai em dois terços, ao passo que o atendimento ao cliente melhora.

Todos os elementos até aqui discutidos para implantar uma Visão Viável exigem gestão de projeto. Agora, é essencial para nossa estratégia de melhoria agilizar drasticamente a implementação desses projetos. O próximo capítulo, sobre gestão de projeto, destaca um dos desenvolvimentos mais interessantes dos últimos cinqüenta anos. Se você é daqueles que acredita ser importante avaliar as pessoas em relação ao cumprimento de prazos de tarefas, ficará surpreso com o que Goldratt descobriu sobre o comportamento humano e a administração da complexidade nos projetos.

8

Gestão de Projeto

"Os projetos seguem a regra do dois elevado ao cubo (2^3). Eles levam duas vezes mais tempo do que o planejado, custam duas vezes mais e prometem duas vezes mais do que efetivamente proporcionam!"

Um recente estudo realizado pela Standish Group International com 13 mil projetos mostra que 82% de todos os projetos analisados foram concluídos com atraso[1], um aumento de cerca de 30% nos últimos três anos. Não é de admirar que hoje os executivos enfrentem grandes dificuldades para realizar melhorias rápidas e de forma suficientemente previsível, a fim de atingir suas metas. As seguintes afirmações são bastante comuns: "Perdemos nove meses de vendas de produto porque o projeto atrasou" ou "o preço de nossas ações caiu em 20% porque não cumprimos nossa promessa de inaugurar a nova fábrica". Os acionistas e a diretoria não costumam perdoar surpresas desagradáveis vindas dos projetos. A credibilidade do CEO fica seriamente abalada não só por conta de atrasos de projeto, mas também por uma análise deficiente do projeto. Por exemplo, muitos já ouviram a história de um projeto de dois anos que estava 95% concluído, mas que precisou de mais um ano para ser finalizado!

A sobrevivência dos executivos depende cada vez mais de uma melhor gestão de projetos. Cabe a eles escolher os projetos certos, assegurar que os projetos escolhidos tenham o escopo correto e concluí-los bem mais rápido do que antes, para atender às expectativas dos acionistas e clientes. As estatísticas comprovam essa pressão sobre os executivos, mostrando que 57% das 367 maiores empresas pesquisadas trocaram seus CEOs nos últimos três anos[2].

---

[1] Março de 2003, Chaos Report, www.standishgroup.com.

[2] Estudo realizado pela firma de recolocação Drake, Beam, Morim e publicado no *USA Today* (08.04.2002).

Os executivos não estão sozinhos na questão dos problemas de gestão de projetos. É interessante observar como as palavras usadas pelos gerentes de projetos para descrever seus problemas, em qualquer país ou em qualquer setor, são praticamente as mesmas. Assim, não raro ouvimos justificativas como: "Não temos recursos suficientes" ou "a diretoria nos obrigou a iniciar o projeto antes que definíssemos adequadamente todas as necessidades. Agora temos muito retrabalho para fazer". Há ainda uma outra reclamação freqüente: "As prioridades mudam a toda hora".

Tais reclamações sugerem que muitos gerentes de projeto acreditam que o problema está fora de seu controle. Enquanto acreditarem nisso, eles provavelmente não verão acontecer qualquer melhoria mais significativa. O simples fato de que as mesmas reclamações já existiam há vinte anos e ainda não foram resolvidas sugere que precisamos de uma nova abordagem. Este capítulo explica por que se leva tanto tempo para concluir os projetos aprovados e o que fazer a esse respeito.

O Problema Raiz Nº 1 na Gestão de Projetos: Identificar a Restrição

O mesmo sistema de referência que gerou terríveis conseqüências para as áreas de operações, *marketing* e distribuição surge novamente na gestão de projetos. É o hábito de tentar administrar a complexidade insistindo na responsabilização local. Na gestão de projetos, isso fica evidente pelo foco maior que é colocado sobre a conclusão de cada tarefa do projeto de acordo com a sua estimativa. A crença atual é que a melhor maneira de assegurar que o projeto será concluído dentro do prazo é tentar concluir cada tarefa dentro do prazo.

O problema começa no modo como as pessoas estimam o prazo de conclusão das tarefas. Muitas delas estão envolvidas em mais de um projeto. E muitas também têm algumas responsabilidades operacionais. Sem esquecer que há os imprevistos: *e-mails* que precisam ser respondidos imediatamente, retrabalho de projetos anteriores, incumbências especiais do chefe do chefe, reuniões imprevistas, etc. Assim, é bastante comum que o prazo estimado para a conclusão de uma tarefa que requeira três dias de trabalho exclusivo acabe sendo de duas semanas. Mesmo assim, o responsável pela estimativa busca resguardar-se com comentários do tipo "Mas vai depender do que vai acontecer com isso ou aquilo" (outro trabalho que já esteja em andamento). As pessoas agem dessa forma porque sabem, por experiência, que, no momento em que se informa uma estimativa de prazo ao gerente, ela se torna um compromisso.

Ninguém quer ser visto como alguém não-confiável; por isso, dá-se uma estimativa bem maior que o necessário, como garantia contra os imprevistos e as inúmeras tarefas a fazer. Para ilustrar a extensão da margem de segurança dada a cada tarefa quando a reputação está em jogo, analisemos o seguinte exemplo: amanhã de manhã, o cliente mais importante de sua empresa deseja reunir-se com você em seu escritório, para tratar de um pedido novo de grande escala. Esse cliente é um verdadeiro "pé no saco" no que diz respeito à pontualidade. Normalmente você leva cerca de meia hora para chegar ao trabalho, mas já houve ocasiões em que levou mais de uma hora. Que prazo você estipulará para chegar ao escritório? Sua resposta será "trinta minutos", ou você dobrará o tempo para "uma hora"?

Todos, exceto talvez algum camicase de plantão, responderiam "uma hora". Existe uma enorme diferença entre o *tempo médio* e o *pior cenário*. Quando nossa reputação está em jogo, é natural que como seres humanos nos lembremos do pior cenário e nos resguardemos com uma grande margem de segurança.

No entanto, se para a maioria das tarefas de projeto é estipulado um prazo extra tão considerável, como explicar por que tantos projetos são concluídos depois do prazo? Se examinarmos a questão à luz do comportamento humano, veremos que essa margem de segurança embutida na tarefa muitas vezes é mal utilizada.

Ao administrar o trabalho em diferentes projetos e responsabilidades operacionais, o participante da equipe de projeto precisa decidir em que atividade trabalhar em dado momento. Sabendo que há uma margem de segurança embutida no prazo, as pessoas muitas vezes postergam o início de uma determinada tarefa para bem depois do previsto inicialmente e se ocupam das tarefas mais urgentes. Goldratt chama esse comportamento de "Síndrome do Estudante", em referência ao comportamento dos estudantes que têm três semanas de prazo até o exame, mas esperam até a noite da véspera para começar a estudar. Quando um membro da equipe posterga o início da tarefa e a lei de Murphy entra em ação, a tarefa será concluída depois do prazo previsto.

O efeito da Síndrome do Estudante é ainda pior devido às dependências existentes entre as tarefas de um projeto. Quando alguém atrasa a conclusão de sua tarefa, todas as tarefas subseqüentes, que dependem dela, ficam em compasso de espera. Caso alguma das tarefas subseqüentes também venha a sofrer da Síndrome do Estudante, o atraso na conclusão do projeto será grande.

Há um outro comportamento bastante comum que atrasa ainda mais os trabalhos essenciais de um projeto. Os gerentes de projeto sofrem tremenda pressão por parte da diretoria para mostrarem progresso imediato; por isso, eles pressionam os membros da equipe a reduzir as estimativas de prazo das tarefas. Conseqüentemente, quando um participante da equipe batalha para conseguir uma concessão nessa estimativa de prazo, tanto ele como o gerente de projeto encaram tal estimativa como o prazo final.

Os membros da equipe sabem que, se por algum milagre eles concluírem a tarefa dentro de um prazo menor e a entregarem antes do prazo final, da próxima vez terão de entregar a tarefa em um prazo recorde. Por isso, quando alguém realmente conclui uma tarefa antes do prazo, ele prefere trabalhar até o prazo final, acrescentando algumas tarefas desnecessárias e fazendo algumas checagens suplementares. Esse comportamento é denominado Lei de Parkinson, o trabalho se expande para preencher o tempo disponível.

O desperdício mais nocivo para a empresa ocorre quando se juntam a Síndrome do Estudante e a Lei de Parkinson. Elas aumentam o tempo de duração de cada tarefa, resultando em projetos mais longos. Embora esses efeitos negativos sejam graves, existe ainda um outro fator terrível dentro do ambiente de múltiplos projetos que lança a duração destes às alturas.

O Ambiente de Múltiplos Projetos

Atualmente, a maioria das empresas opera em um ambiente de múltiplos projetos, em que diferentes projetos compartilham um ou mais recursos. Na verdade, na vida real os gerentes não utilizam uma expressão tão polida. Normalmente eles se referem a isso como "brigar" por recursos, e não "compartilhar".

Mais uma vez, as soluções ideais locais reinam absolutas. Os chefes de áreas funcionais iniciam projetos *independentemente da capacidade da empresa de realizar o trabalho*. Eles o fazem por uma razão muito simples: caso não alcancem suas metas até a avaliação no período seguinte, eles podem perder o emprego ou deixar de atingir algum importante indicador. Os executivos acreditam que quanto antes um projeto for iniciado, mais rápido ele será concluído.

Todo alto executivo responsável por resultados acha que pôr um projeto em andamento é um direito seu. Comparativamente, é como lhes dar um número ilimitado de cheques em branco e dizer para que façam quaisquer investimentos em bens de capital que acharem necessários.

A única diferença, no caso dos projetos, é que, além de dólares, estamos lidando com capital humano limitado. Cada empresa tem muito mais oportunidades de fazer melhorias mediante projetos do que recursos com os quais executar tais projetos. Quando se inicia um número muito grande de projetos ao mesmo tempo, acaba-se assumindo múltiplas tarefas simultâneas, o que é muito ruim e resulta em um enorme desperdício de tempo dos recursos.

Nesse processo, cada membro da equipe divide seu tempo na execução de múltiplas tarefas, de tal forma que a duração somada de todos os projetos aumenta drasticamente. A Figura 8.1 exemplifica o tempo que um recurso gasta para completar múltiplas tarefas. Se o recurso dedicar seu tempo a processar somente uma tarefa por vez (na figura denomina-se "Dedicado"), cada tarefa levará três semanas.

No entanto, quando o recurso 1 assume todas as três tarefas de uma só vez e procura equilibrá-las fazendo parte de cada uma dia sim, dia não, ocorrem dois efeitos negativos. Observe a linha "Má Distribuição de Múltiplas Tarefas". Um de seus efeitos negativos é que o nível de esforço de cada tarefa aumenta. Devido ao esforço para retomar a concentração toda vez que determinada tarefa é reiniciada, as três semanas de esforço podem facilmente se transformar em quatro semanas.

O outro efeito negativo é a maior duração de cada tarefa. Quando o efeito da divisão em múltiplas tarefas é combinado com um tempo adicional de preparação para início de atividades, já dá para ver que a primeira tarefa não será concluída antes da semana 11, em vez da semana 3. Quando o assunto é desenvolvimento de novos produtos, isso significa que a empresa perdeu ou diferiu oito semanas de ven-

Gestão de Projeto 87

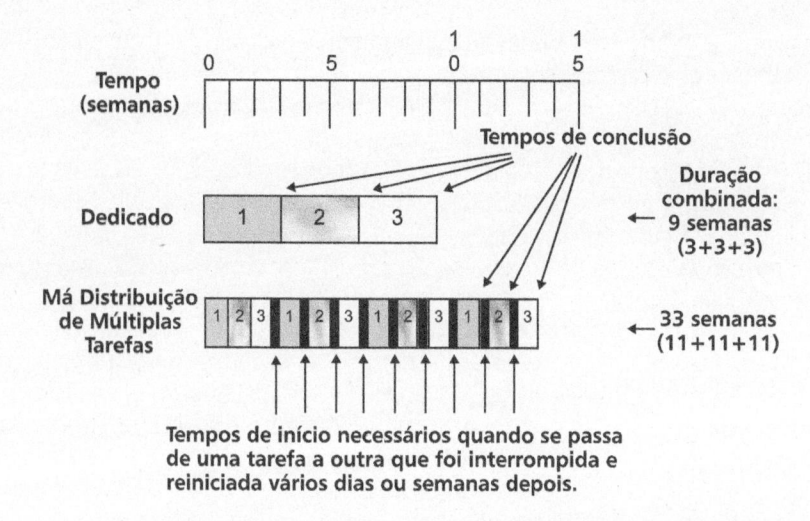

Figura 8.1. Tempo gasto (semanas) para concluir uma tarefa.

das, podendo ter perdido uma janela competitiva. Nos casos de projetos que trarão benefícios internos, significa que estes serão postergados por oito semanas ou não poderão ser usufruídos durante esse período.

Antes de descrever a solução, é importante entender o ponto de alavancagem dos projetos. Os Cinco Pontos de Focalização mostram como identificar a restrição de cada projeto, um importante pré-requisito para explorá-los.

Os Cinco Pontos de Focalização no Ambiente de um Único Projeto

Projetos são iniciados com o objetivo de trazer algum benefício para a empresa. Quanto mais tempo o projeto levar para ser concluído, mais tempo a empresa terá de esperar pelo benefício. Portanto, a restrição de um projeto individual qualquer é aquilo que mais contribui para a demora dele.

Há muitos anos, alguns engenheiros brilhantes criaram o conceito de "caminho crítico". Em cada projeto existem algumas tarefas que não podem ser iniciadas antes que outras anteriores tenham sido concluídas. Com freqüência há também, dentro de um mesmo projeto, muitos caminhos diferentes de tarefas interdependentes. O caminho mais longo de tarefas interdependentes (determinado pelo número de dias de esforço previsto) é denominado caminho crítico.

Quando os conceitos de caminho crítico foram aplicados pela primeira vez, era comum haver recursos dedicados nos projetos. Por isso, ao calcular a duração prevista do projeto, consideravam-se apenas as interdependências lógicas entre as tarefas, ignorando-se as interdependências entre os recursos. A interdependência entre recursos acontece quando um mesmo recurso trabalha em uma parte do projeto, sendo simultaneamente necessário em outra parte do mesmo projeto.

Goldratt levou isso em conta e ampliou o conceito de caminho crítico, intitulando-o "corrente crítica". A corrente crítica de um projeto é a corrente mais longa de eventos interdependentes, considerando as interdependências entre as tarefas *e* recursos. É essa corrente de eventos que provavelmente irá determinar quanto tempo um projeto levará para ser concluído.

Assim, IDENTIFICAMOS a restrição do sistema: é a corrente crítica. Agora nos compete EXPLORÁ-LA, mas o atual sistema de medição nos impede de fazê-lo. Quando as pessoas que executam tarefas da corrente crítica são avaliadas no quesito conclusão das tarefas dentro de um dado prazo, elas embutem neste uma grande margem de segurança. Desse modo, durante a execução do projeto nos deparamos com comportamentos típicos da Síndrome do Estudante e da Lei de Parkinson que atrasam a conclusão das tarefas. Além disso, com a tendência dos executivos em iniciar projetos sem levar em conta a capacidade da empresa de se envolver com eles, os recursos são muito mal distribuídos entre as múltiplas tarefas.

Para EXPLORAR a restrição, devemos mudar as regras de ótimos locais que pressionam para que se conclua cada tarefa dentro do prazo. Eis as novas regras:

- Não transforme previsões em compromissos. Elas não são números preestabelecidos, são apenas previsões. Em vez disso, faça previsões que não estimulem o comportamento de Síndrome do Estudante e de Lei de Parkinson. Para tanto, tome a previsão atual e corte-a ao meio. No entanto, não exija que os membros da equipe terminem as tarefas dentro das previsões. O foco de cada membro da equipe deve ser a data-limite do projeto, e não a data-limite da tarefa (veja a Figura 8.2).

- As tarefas da corrente crítica são realizadas segundo uma ética de trabalho equivalente à do atleta de corrida de revezamento. Os membros da equipe começam e terminam as tarefas o mais rápido possível (sem a Síndrome do Estudante) e passam o trabalho (o bastão) adiante, para o próximo recurso, o mais rápido que podem (sem a Lei de Parkinson). O membro da equipe executa a tarefa da forma mais dedicada possível.

- Metade da margem de segurança que retiramos das previsões individuais de prazo de tarefa é devolvida ao projeto e empregada de forma estratégica para proteger o projeto como um todo. Esse pulmão de proteção, chamado de pulmão de projeto (veja a Figura 8.2), age como um amortecedor, para isolar a corrente crítica de forma holística contra qualquer variação nos prazo de duração das tarefas da corrente crítica. Algumas tarefas da corrente crítica certamente serão concluídas mais tarde do que o previsto, ao passo que outras, mais cedo. Essas flutuações estatísticas entre muitas tarefas acabam se compensando. Por isso, é possível prever com bastante segurança a duração de uma corrente de tarefas protegidas por um pulmão.

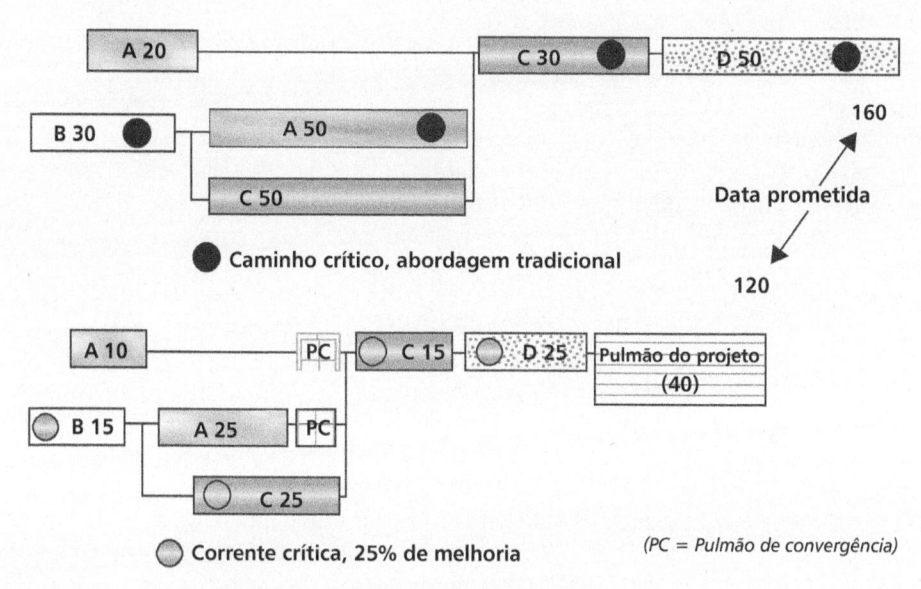

Figura 8.2. Programação de quatro recursos (A, B, C e D).

- Durante a execução do projeto, os gerentes de projeto e de recursos utilizam o pulmão e uma ferramenta chamada "Gerenciamento de Pulmão", para determinar quando precisam adotar alguma medida.

Os detalhes dessa abordagem são explicados em outros textos[2]. O novo princípio, muito mais simples, é: *concentre sua atenção em muito menos trabalho, usando a corrente crítica e o recurso estratégico como pontos focais, e conclua a tarefa com muito mais rapidez.*

Para SUBORDINAR às decisões tomadas dentro de um único projeto, programaremos qualquer trabalho que alimenta as tarefas da corrente crítica para ser concluído um pouco mais cedo, de modo a não atrasar o andamento do trabalho na corrente crítica. Para tanto, utilizamos uma ferramenta denominada pulmão de convergência (PC na Figura 8.2). O pulmão de convergência protege a corrente crítica dos atrasos causados por qualquer variação nas tarefas de caminhos não-críticos.

Subordinando no Ambiente de Múltiplos Projetos

A solução permanente para acabar com a má distribuição de múltiplas tarefas requer um novo processo. Por um lado, devemos ter o cuidado de colocar projetos em andamento somente quando a empresa tiver recursos suficientes. Entretanto, é bastante

---
[2] Veja *Insights em Gerenciamento de Projetos* na Bibliografia.

complicado tentar equilibrar o volume de trabalho de todos os recursos do projeto. Em um ambiente de múltiplos projetos, a corrente crítica determina a capacidade da empresa de acordo com a capacidade de um dos recursos: o "recurso estratégico", ou seja, aquele recurso em que os projetos ficam presos na maior parte das vezes ou o recurso mais sobrecarregado em todo o conjunto de projetos da empresa.

A cadeia crítica requer o seguinte passo de SUBORDINAR:

- Nenhum novo projeto será iniciado antes que a capacidade do recurso estratégico o permita.

Esse processo implica que o poder do executivo-sênior para iniciar projetos unilateralmente seja subordinado à capacidade da empresa de realizar o trabalho. Tal conclusão muitas vezes deixa a administração da empresa em uma situação desconfortável. A maioria das formas de limitação de poder é vista pelos executivos como uma intromissão desnecessária. Isso explica uma necessidade urgente. Para implementar uma gestão de projetos de alto valor dentro da empresa, cada executivo-sênior precisa acreditar que o novo processo não irá atrapalhar o prazo de seu projeto. Quando esse passo subordinado for implementado, os executivos poderão usufruir todos os benefícios. Todos os projetos serão concluídos muito mais rápido do que antes.

Além de reduzir a duração dos projetos, a nova abordagem permite melhor gerir sua execução, com menos tempo gasto em reuniões de análise. Na corrente crítica, dois parâmetros são empregados para definir quando é preciso intervir (veja a Figura 8.3). Esperamos que o trabalho na corrente crítica seja concluído de forma regular e progressiva. Também esperamos gastar o pulmão de projeto (a rede de proteção que resguarda o projeto inteiro) regularmente, à medida que o projeto avança.

Se em uma reunião para revisão de projeto constata-se que concluímos somente uma pequena parte do trabalho da corrente crítica, mas gastamos uma boa parte do pulmão de projeto, sabemos que há um sério problema. Por outro lado, se já concluímos grande parte da corrente crítica e ainda temos uma boa parcela de proteção do projeto intacta, o projeto está em uma situação excelente. Portanto, fica mais fácil prever as chances de se finalizar um projeto na data prometida. Só é preciso comparar o porcentual de corrente crítica concluído com o porcentual de proteção de projeto (pulmão de projeto) utilizado. Como ilustra a Figura 8.3, a tendência em relação ao tempo informa claramente à diretoria e aos gerentes de projeto se este está enfrentando problemas de prazo e quando será concluído.

Ao decidir quais projetos autorizar e priorizar, o paradigma da corrente crítica oferece um novo e significativo fator: ganho por unidade de recurso estratégico. Em um ambiente de múltiplos projetos, é o recurso estratégico de uma empresa, acima de qualquer outro, que determina quantos projetos podem ser completados por ano. Por isso, podemos comparar os projetos de acordo com seu valor e com sua utilização do recurso estratégico. Por exemplo, suponha que tenhamos proposto um projeto que renderá um valor líquido de US$ 25 milhões para a empresa, mas que irá, ao mesmo tempo, requisitar aquele recurso inteiramente para si, por todo um ano. Por outro lado, temos um outro projeto que também renderá um valor líquido de US$ 25 milhões, mas que só usará o recurso estratégico durante quatro meses. Poderíamos

Figura 8.3. Execução de projeto.

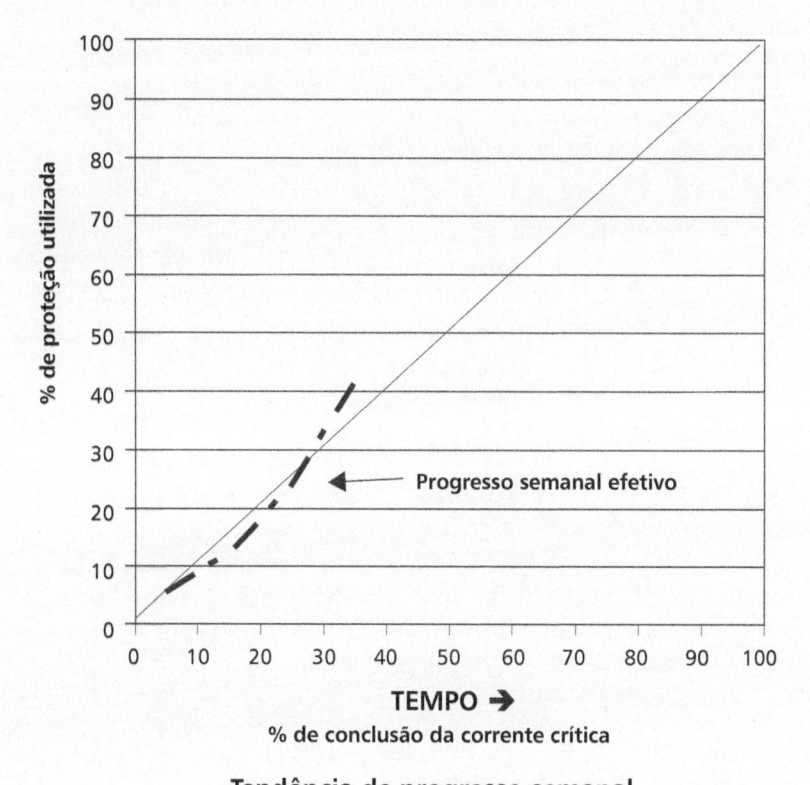

Tendência de progresso semanal

(Eixo Y: % de proteção utilizada; Eixo X: TEMPO → % de conclusão da corrente crítica; seta indica "Progresso semanal efetivo")

fazer três projetos desses por ano, gerando US$ 75 milhões de valor líquido para a empresa, em comparação com o primeiro projeto, que produziria somente um terço desse valor. Assim, a decisão fica bem mais fácil.

Alguns Casos

Existem inúmeras histórias bem documentadas de sucesso com a implementação da corrente crítica. Os poucos exemplos que mencionamos a seguir apenas dão um vislumbre do que é possível realizar:

- A Divisão de Manutenção de Aeronaves de Israel cortou o tempo médio de conversão das aeronaves de três meses para duas semanas. A medida lhes deu uma enorme vantagem competitiva, com clientes clamando por reservas com um ano de antecedência.

- A Seagate Technologies reduziu o tempo de desenvolvimento de novos produtos pela metade.
- A ElBit Systems consegue concluir a análise da gestão-sênior de todos os seus 40 projetos em menos de duas horas.
- Antigamente, a área de TI da Lord Corporation concluía 100% de seus projetos fora do prazo; agora, ela termina 85 % antes ou dentro do prazo.
- O Depósito Naval do Corpo de Fuzileiros dos EUA atualmente consegue finalizar mais de três vezes o volume de trabalho usando os mesmos recursos.
- Uma divisão da BAE Systems reduziu em dois a quatro meses a duração dos projetos (20 a 40% de redução) e, em conseqüência disso, acrescentou US$ 37 milhões em projetos lucrativos.

Resumo e Próximos Passos

Atualmente, a duração dos projetos é muito maior, devido a uma prática gerencial muito comum – a de cobrar das pessoas o cumprimento do prazo previsto para a conclusão das tarefas. Essa medida de ótimos locais afeta o comportamento humano de tal forma que os projetos acabam durando mais do que o dobro do tempo. Quando os projetos atrasam, os executivos não cumprem suas metas. Assim, eles procuram empurrar *mais* projetos no sistema, independentemente da capacidade dos recursos de realizar o trabalho. Tal medida agrava uma situação já complicada, introduzindo uma má distribuição de múltiplas tarefas e prolongando ainda mais a duração dos projetos.

O novo sistema de referência (G, I, DO e os Cinco Passos de Focalização) põe os membros da equipe, os gerentes de projeto e os gerentes de recursos na mesma corrida de revezamento, focados nas tarefas da corrente crítica e em uma quantidade menor de projetos em andamento. Os resultados mostram uma redução de 25% ou mais na duração dos projetos. A corrente crítica assegura que cada projeto seja concluído no prazo. Além disso, podemos concluir mais projetos sem ter de acrescentar recursos.

Para atingir o nível seguinte de aperfeiçoamento, as empresas terão de lidar com algo sobre o qual na maioria dos casos elas não têm controle direto: a cadeia externa de suprimentos. Muitas empresas já não competem apenas com outras empresas; elas são parte de uma cadeia de suprimentos que compete com outras cadeias de suprimento. No próximo capítulo, veremos como dois indicadores, deduzidos a partir de nosso sistema de referência, ajudam diferentes empresas de uma cadeia de suprimentos a sintonizar-se mais umas com as outras, fazendo com que toda a cadeia de suprimentos, por sua vez, se transforme em uma grande vencedora!

9

A Cadeia de Suprimentos

"O objetivo de medidores é motivar as partes a fazer o que é bom para a cadeia de suprimentos como um todo."

Introdução

O sucesso de um produto é determinado em parte pelo fabricante e em parte pelo restante da cadeia de suprimentos. Basta que uma pequena parte dela não faça seu trabalho adequadamente para que todo o esforço e os lucros das outras partes sejam anulados. Se um consumidor final não estiver satisfeito com a disponibilidade, o atendimento ou a qualidade de um produto, a cadeia de suprimentos inteira é prejudicada. Infelizmente, o sistema de referência atual (ótimos locais) muitas vezes impede a parte responsável de enxergar o problema e tomar medidas de forma rápida e eficiente para superá-lo.

Mesmo quando o cliente final está satisfeito, a cadeia de suprimentos pode ser assolada por problemas como altos custos de obsolescência e transporte, ou uma reação demasiado lenta às mudanças na demanda do mercado.

Este capítulo mostra como usar o novo sistema de referência a fim de alinhar todas as partes para que façam o que é bom para a cadeia de suprimentos como um todo –condição essencial para alcançar uma Visão Viável.

Alinhando as Partes da Cadeia de Suprimentos

Existem três indicadores globais que mostram o quanto a cadeia de suprimentos está alinhada e o quanto ela melhorou ou piorou ao longo do tempo. São eles: Ganho, Investimento e Despesa Operacional da cadeia como um todo. A empresa não deve olhar apenas para seu resultado financeiro a fim de saber se fez a parte que lhe competia para tornar saudável a cadeia de suprimentos.

A venda de mercadorias ou serviços de uma parte da cadeia de suprimentos para outra, sem que o consumidor final tenha efetuado uma compra, pode temporariamente parecer saudável para algumas partes. No entanto, se as mercadorias ficam retidas dentro da cadeia sem que o consumidor final as compre – ou sem que ele o faça com suficiente rapidez –, a situação definitivamente não é nada saudável. Cada membro tem um papel importante no desempenho da cadeia de suprimentos como um todo.

Metas e Medidores dos Departamentos de Apoio Dentro da Cadeia de Suprimentos

No Capítulo 7, descrevemos como EXPLORAR a restrição, passando de um sistema empurrado para um sistema puxado. Esse sistema direciona o estoque certo para o local certo bem a tempo de atender à demanda do consumidor final. Dois medidores-chave são essenciais para fazer com que cada membro da cadeia de suprimentos se SUBORDINE, em perfeito alinhamento com os demais.

1. **Ganho $ Dias (em Atraso)**: A cadeia de suprimentos precisa reconhecer que a falta de mercadorias aumenta o risco de perder não só a venda atual, mas também os negócios futuros. Os consumidores finais podem até tolerar a falta de produtos, mas não por muito tempo. Para tomar isso em consideração, esse medidor multiplica o ganho em atraso, avaliado no ponto de venda ao consumidor final, pelo número de dias que o ganho está atrasado. Se um item do pedido estiver faltando, o Ganho $ Dias é calculado com base no valor do pedido total, reconhecendo a irritação do cliente com a falta de um item. O objetivo é zero.

2. **Estoque $ Dias**: As pessoas normalmente atribuem ao estoque um valor em termos de dinheiro ou de quantos dias de consumo ele representa. O presente medidor leva em conta esses dois atributos, multiplicando o valor do estoque dentro da cadeia de suprimentos (ao custo da matéria-prima) pelo número de dias em que o material ficou preso dentro da cadeia em qualquer nível. O objetivo é reduzir o Estoque $ Dias sem afetar negativamente o Ganho $ Dias (em atraso).

Ganho $ Dias (em Atraso)

Em muitas cadeias de suprimentos, o produto final tem um alto preço de venda, chegando às vezes a custar centenas ou milhares de dólares, mesmo que alguns de seus componentes tenham um custo baixíssimo, de apenas alguns dólares ou mesmo centavos. Toda a cadeia de suprimento sairá ganhando se o fornecedor de um componente cujo custo é de apenas US$ 1,00 reagir rapidamente quando este estiver impedindo uma venda no valor de US$ 25.000.

Para que cada empresa possa identificar o que é urgente para os elos localizados depois dela na cadeia de suprimentos, é necessário um relatório diário ou semanal informando o Ganho $ Dias (em atraso) de seus clientes, ou seja, o elo seguinte da cadeia de suprimentos. O Ganho $ Dias é expresso em termos de preço ao consumidor final. O relatório informa a cada empresa o tamanho do prejuízo para toda a cadeia de suprimentos causado por um pedido com problemas e como priorizar suas atividades.

Por exemplo, suponhamos que a Empresa A fabrique um pino de segurança ao preço de US$ 1,00, utilizado na montagem de transmissões para a Empresa B. A Empresa B despacha as transmissões para a Empresa C, um grande fabricante de automóveis. Se a Empresa A tiver um dia de atraso em um pedido de 100 pinos, o pedido em si pode não parecer muito importante para ela, já que representa um valor de apenas US$ 100. No entanto, cada pino de segurança atrasado impede uma venda de US$ 25.000 para o consumidor final, que representa um ganho de US$ 20.000 ao longo da cadeia de suprimentos. A Empresa A recebe então um relatório informando que tem US$ 2 milhões de Ganho $ Dias (em atraso) referentes aos pinos de segurança (100 * US$ 20.000). Com isso, a Empresa A começa a entender a importância de seu pedido e como deve priorizar seus esforços.

Se o mesmo pedido atrasar mais um dia, o relatório mostrará US$ 4 milhões de Ganho $ Dias (100 * US$ 20.000 * 2). O valor continuará aumentando até que o pedido seja atendido.

Vejamos um outro exemplo, referente a problemas de qualidade. A Empresa A envia os pinos de segurança dentro do prazo, mas o fabricante de automóveis descobre justamente no dia da remessa que as transmissões estão com problemas. Elas então são devolvidas para a Empresa B. A empresa recebe então um relatório atribuindo-lhe US$ 2 milhões de Ganho $ Dias. O pedido agora está em atraso – um tremendo abacaxi! A Empresa B examina as transmissões e constata que o problema está nos pinos de segurança. Agora, o Ganho $ Dias é atribuído à Empresa A e ficará com ela até que o problema seja resolvido.

O problema leva mais dois dias para ser solucionado, e por fim a Empresa A envia os pinos corretos à Empresa B; o pedido, que está três dias atrasado, representa agora um Ganho $ Dias de US$ 6 milhões (3 * US$ 2 milhões). É um abacaxi ainda maior para a Empresa B.

Da mesma forma, se o problema estiver localizado no fornecedor de matéria-prima ou embalagens da empresa A, o departamento de compras dessa empresa ficará com o abacaxi até que o problema seja resolvido.

Ao combinar valores e dias nesse medidor, a probabilidade de a cadeia de suprimentos manter seus clientes será maior, pois ela evita longos períodos de falta de estoque ou de reparos por problemas de qualidade. Para que o indicador Ganho $ Dias seja eficiente, os participantes da cadeia devem estar de acordo em utilizá-lo para estipular as prioridades ao longo dela.

Estoque $ Dias

O medidor Estoque $ Dias é secundário em relação ao medidor Ganho $ Dias. Por isso, é muito importante que as reduções no estoque da cadeia de suprimentos não causem problemas de perda de pedidos. É preciso que haja um pouco de estoque dentro da cadeia como proteção contra "Murphy" – flutuações e problemas no transporte, fabricação e demanda do consumidor final.

Ao fazer de Estoque $ Dias um medidor da cadeia de suprimentos, e não de uma empresa apenas, o comportamento dentro da cadeia gera um resultado holístico. Por exemplo, a distribuição correta do estoque dentro da maioria das cadeias de suprimentos consiste em manter a maior parte dele onde as previsões forem mais exatas e as flutuações, menores. Isso significa que o estoque maior deve ser mantido com o fabricante ou perto dele; com estoques menores junto ao distribuidor; e a menor parcela de estoque, junto à fonte mais próxima do consumidor final.

Hoje em dia, muitas empresas da cadeia de suprimentos tentam reduzir seu investimento em estoque empurrando o estoque para o elo seguinte da cadeia. Assim, podem lançar esse procedimento na contabilidade como "venda". No entanto, tal comportamento prejudica o desempenho global em termos de estoque dentro da cadeia e de falta de estoque.

Portanto, assim como no caso do medidor de Ganho $ Dias, aqui também se faz necessário um acordo entre todas as empresas da cadeia de suprimentos, a fim de que olhem para o estoque global, e não apenas para o estoque de cada empresa.

Uma Nova Forma de Fazer Negócios Dentro da Cadeia de Suprimentos

Mesmo quando a cadeia de suprimentos apresenta um bom desempenho em termos de estoque, existe um outro medidor terrível, do Mundo do Custo, que pode liquidar o ganho. Cada fornecedor da cadeia de suprimentos quer ter um lucro "razoável" pela venda de seu produto ou serviço para o elo seguinte da cadeia. Para a maioria dos fornecedores, "razoável" significa cobrir seus custos mais uma margem de lucro. O problema começa quando um fornecedor tenta estimar esse "custo".

Quando o fornecedor tenta calcular o custo do produto, normalmente ele aloca os custos indiretos da empresa e outros custos e utiliza uma estimativa de faturamento. Para ele, vender a um preço inferior ao custo calculado significa que está perdendo dinheiro. O fornecedor também entende que poderá lucrar se o cliente pagar o custo calculado mais uma "margem de lucro razoável". Nenhuma dessas crenças, entretanto, está correta.

É possível que o consumidor final esteja disposto a pagar muito mais do que apenas o "custo mais uma margem de lucro razoável", pois para ele o valor daquele produto é muito maior do que a percepção de valor do fornecedor. Nesse caso, todas as empresas na cadeia abriram mão de um bom lucro. Outros clientes podem pensar que o preço final ao consumidor é ridiculamente alto, pois *para eles* o produto simplesmente não gera a mesma percepção de valor. Nesse caso, os fornecedores perderam uma venda que poderia ter sido lucrativa para todos na cadeia de suprimentos.

Analisemos o seguinte exemplo. Uma empresa com sede nos EUA fornece programas de computador e desenvolveu um pacote de *software* para médias e grandes empresas. O preço é de um milhão de dólares, o que a empresa considera justo, levando em conta a quantidade de tempo e pessoal investida no desenvolvimento do produto. As vendas iam bem naqueles países onde a empresa tinha uma equipe de vendas própria.

No entanto, a empresa fez um acordo com um distribuidor no México para vender seu produto por intermédio dele. Ela estipulou um preço de atacado de US$ 500.000 por unidade. No período de dois anos, o distribuidor conversou com inúmeros bons clientes em potencial, mas não conseguia fechar uma única venda. Muitas empresas no México precisavam daquele *software*, mas o preço, em termos de benefícios quantificáveis para eles, teria de ser muito menor do que US$ 500.000, devido ao tamanho das empresas, à economia do país e à taxa de câmbio. O distribuidor tentou em diversas ocasiões transmitir essa mensagem ao fabricante do *software*, mas não foi ouvido.

O custo efetivo para o fabricante americano reproduzir o *software*, incluindo todos os manuais técnicos, era de algumas centenas de dólares. O custo de suporte à implantação era de cerca de US$ 10.000 no primeiro ano. Quaisquer vendas acima de US$ 11.000 teriam dado mais lucro à empresa americana. Além disso, supondo que o mercado mexicano fosse realmente independente do mercado americano, o preço do produto no México não teria causado qualquer impacto sobre o preço do produto nos EUA.

Considerando-se esse exemplo e as metas de G, I e DO ao longo da cadeia de suprimentos, há uma outra abordagem sensata de vendas na cadeia – dar ao seu elo final, aquele que está mais próximo do consumidor final, toda a flexibilidade necessária para que ele obtenha pelo produto o máximo que puder acima de um preço mínimo, com base no custo das matérias-primas, e não nos custos alocados. A seguir, estabeleceça com ele um acordo para compartilhar com os outros elos da cadeia de suprimentos, porcentualmente, o lucro obtido acima do custo mínimo. Com isso, todos os elos se alinharão no intuito de ajudar uns aos outros a maximizar o ganho da cadeia, em vez de olharem apenas para seu próprio ganho. Eles também irão se alinhar para reduzir as despesas operacionais e o estoque ao longo da cadeia, visto que isso contribui ainda mais para os lucros globais.

É evidente que essa abordagem exige um alto grau de confiança entre todos os parceiros da cadeia de suprimentos. De início, utilize os medidores holísticos – Ganho $ Dias e Estoque $ Dias – para começar a construir essa confiança. O novo método de cálculo de preço pode ser implantado depois que esses medidores estiverem funcionando.

Resumo e Próximos Passos

Qualquer cadeia de suprimentos pode facilmente sofrer da mentalidade "silo", em que cada empresa procura otimizar seus próprios resultados à custa dos outros parceiros da cadeia. No momento em que todos concordarem em adotar dois medidores, a cadeia de suprimentos vencerá a competição contra todas as outras cadeias.

Os dois medidores-chave de qualquer cadeia de suprimentos são *Ganho $ Dias* e *Estoque $ Dias*. Quando implementados com os relatórios corretos emitidos no prazo certo, eles resultam em um comportamento adequado para lidar com pedidos em atraso, problemas de qualidade, retrabalho, obsolescência, lançamento de novos produtos e quaisquer outros desafios de uma cadeia de suprimentos.

Muitas vezes, para implementar a nova logística em toda a cadeia de suprimentos, a empresa precisa superar algumas limitações tecnológicas. Com isso, a área de TI precisa ser parceira na busca da Visão Viável.

No próximo capítulo, descreveremos como mudar o paradigma da TI para torná-la um importante contribuinte para que a empresa atinja seus objetivos.

10

Tecnologia de Informação: Necessária Mas Não Suficiente

"A implantação de sistemas de computador não mudará nada se você não reduzir uma limitação que impede a empresa de atingir sua meta."

Introdução

A "crise" da virada do milênio gerou um enorme volume de vendas para os principais fornecedores mundiais de *software*. Lutando para substituir sistemas legados obsoletos, fadados a falhar na virada do ano 2000, as empresas compraram novos sistemas ERP de gestão integrada em quantidades recordes. As grandes empresas gastaram milhões de dólares. Para cada dólar gasto na compra de *software*, somas muito maiores eram gastas com consultoria para implantá-lo. Mesmo com tantas empresas fazendo esse investimento gigantesco em tecnologia, quantos CEOs você ouviu se vangloriando dos incríveis pacotes ERP e do fantástico retorno sobre investimento que estes geraram?

Não só CEOs incomodados buscam identificar a área em que a tecnologia irá gerar a maior produtividade, mas também os executivos de TI. Contudo, estes e os executivos funcionais muitas vezes entram em conflito quando batalham para encontrar um terreno em comum. Os fornecedores de tecnologia fazem parte desse campo de batalha. Qual é o problema?

A Restrição da Organização e o Papel da TI

A TI procura satisfazer a seus clientes (os departamentos funcionais) com aquilo que mais conhece (tecnologia). Os departamentos de TI estudam as necessidades dos usuários, documentam-nas, obtêm a anuência dos gerentes funcionais, desenvolvem ou adquirem sistemas compatíveis com tais necessidades e então a grande confusão está armada. Têm início as acusações recíprocas.

Os usuários reclamam que o departamento de TI não entendeu ou não interpretou corretamente suas necessidades. Por isso, o sistema implementado não está correspondendo às expectativas. O departamento de TI, por sua vez, investe mais dinheiro no sistema, acrescentando novas funções e levando muito mais tempo do que o planejado para implementar o sistema. Nesse meio-tempo, ele se põe a defender sua posição. Seu pessoal trabalhou duro para definir cuidadosamente as necessidades do usuário. Afinal, utilizaram até mesmo um sofisticado sistema de gestão por etapas. E obtiveram a anuência do usuário. Implantaram a tecnologia que este desejava. Diante disso, o pessoal da TI muitas vezes se faz a seguinte pergunta: "O que mais eles querem de nós?".

O simples ato de trocar de sistema de computação ou implementar um novo sistema não significa por si só mais dinheiro para a empresa. O foco correto tanto para a TI como para os executivos das diversas áreas funcionais deve vir dos indicadores globais de G, I, DO e dos Cinco Passos de Focalização. Senão, como é que alguém pode dizer que a nova tecnologia tem valor para a empresa? Atender às necessidades do usuário representa apenas um meio para alcançar um fim. Muitas vezes essas necessidades se baseiam em soluções ideais locais que não resultam em melhoria global do ponto de vista financeiro.

Para chegar mais perto do objetivo da empresa, a TI precisa eliminar ou diminuir alguma limitação dentro da organização propriamente dita ou da sua cadeia de suprimentos. Nas últimas décadas, a própria natureza da limitação da empresa mudou. As implicações dessa mudança para a TI e para os fornecedores de tecnologia são extremamente importantes.

Nas décadas entre 1960 e 1990, a limitação de várias empresas estava na velocidade com que elas conseguiam realizar um processo ou no volume de transações que conseguiam administrar com os recursos disponíveis. Por isso, o poder do *hardware* e do *software* reduziu em muito essa limitação, processando um maior volume de transações e à velocidade da luz. Por exemplo, no início da década de 1970, uma empresa, mesmo que de médio porte, recalculava somente uma vez ao mês suas necessidades de matérias-primas para produzir todos os produtos. Como o computador levava muito tempo para realizar esse trabalho, a maioria das empresas não tinha capacidade tecnológica para fazê-lo mais de uma vez ao mês. Tal limitação tecnológica impedia muitas delas de melhorar a programação da fábrica e de reduzir os estoques.

No entanto, mesmo quando algumas empresas passaram a instalar novos computadores mais potentes, elas não tiravam muito proveito disso. Continuavam a calcular as necessidades de matéria-prima apenas uma vez ao mês! Esses hábitos antiquados, desenvolvidos especificamente para lidar com uma limitação tecnológica, continuavam a assombrá-las. Por isso, para saber ao certo se a mudança tecnológica trará benefícios em termos de resultado financeiro líquido, é preciso responder a seis perguntas.

Seis Perguntas Essenciais a Fazer Antes de Trocar de Tecnologia[1]

1. Qual é a restrição da empresa?
2. Que limitações tecnológicas a empresa tem com relação à restrição?
3. Que regras ou práticas a empresa implementou para lidar com a limitação?
4. De que maneira a tecnologia acabará com a limitação?
5. Quais são as novas regras que a empresa deverá adotar depois que a nova tecnologia for implantada?
6. Como a empresa concretizará a mudança?

Antes de fazer novos investimentos consideráveis em TI, as empresas deveriam aplicar o passo 1 dos Cinco Passos de Focalização, IDENTIFICAR a restrição do sistema. O ideal seria aplicá-lo a toda a cadeia de suprimentos e ao mercado. Somente depois de identificada a restrição é que se pode perguntar que limitação a TI deve reduzir para melhorar a empresa como um todo.

Em muitas das atuais cadeias de suprimentos, os relatórios e os dados de ERP focalizam condições locais: estoque no depósito da empresa, as eficiências dos diversos processos, as pessoas e máquinas dentro da empresa, etc. As ligações entre os elos da cadeia de suprimentos são inexistentes ou não estão alinhadas no sentido de trazer benefícios financeiros. Os relatórios de Ganho $ Dias e Estoque $ Dias (veja o Capítulo 9) que deveriam ser gerados entre os elos da cadeia inexistem.

Na gestão de projetos, as velhas regras ainda estão arraigadas no *software* e nas práticas administrativas. Hoje, na maioria dos sistemas de gestão de projetos não existe uma função de gestão de carteira que focalize a capacidade da empresa em executar projetos de acordo com seu recurso estratégico. E, nos projetos individuais, os gerentes ainda cobram de seus recursos o cumprimento dos prazos estipulados para a conclusão de tarefas. Não é à toa que novos *softwares* continuam sendo implantados sem que se possa notar qualquer retorno sobre o investimento!

Como mostramos nos capítulos anteriores, para superar uma limitação é preciso mudar as regras dentro das quais as empresas operam. Resumimos a seguir as novas regras de *software* e de procedimentos informatizados:

1. Novas regras na área de finanças e medidores:
   - As decisões são tomadas de acordo com seu impacto sobre G, I e DO.
   - As alocações de custos são abolidas em todos os relatórios internos e sistemas de medição. Relatórios como Lucros/Perdas por Produto ou Centro de Lucro para departamentos internos são abolidos.
   - Implantação da contabilidade de ganhos.

---

[1] Veja *Directions, The Ashridge Journal*, verão de 2001, www.ashridge.com, entrevista *In Search of True Change* com o dr. Eli Goldratt.

2. Novas regras na área de operações:
   - As eficiências locais (e seus relatórios) são desestimuladas, exceto na restrição – o tambor.
   - Os relatórios e processos são elaborados de forma a determinar quando o material deve ser liberado em cada etapa, as prioridades de acordo com a chegada prevista no tambor, o cronograma detalhado do tambor, o gerenciamento do pulmão.
   - É feita a análise de Pareto para documentar a utilização do pulmão no tambor e auxiliar no processo de melhoria contínua.
   - O *lead time* e o estoque em processo são monitorados, com dados e relatórios dando suporte à tomada de decisões para reduzir ambos.
3. Novas regras na área de distribuição:
   - O estoque é mantido onde for mais lógico, incluindo um estoque significativo no depósito da fábrica.
   - O estoque é reposto mediante o sistema puxado, com base no que for vendido.
   - O *lead time* de pedido é reduzido drasticamente por um *software* que gera e transmite os pedidos automaticamente aos fornecedores. Os pedidos se baseiam no consumo do período anterior, com ajustes sazonais e outras situações especiais.
4. Novas regras na gestão de projetos:
   - Os projetos são escalonados de acordo com a capacidade do recurso estratégico, com *software* capaz de fazer análise de hipóteses e reescalonando de acordo com mudanças de prioridades.
   - Os dados fornecidos pela análise de Pareto são captados, e os relatórios são desenvolvidos tendo em vista informar a utilização do pulmão de projetos e ajudar no processo contínuo de melhorias.
   - Os dados de entrada dos projetos focalizam o tempo restante para a conclusão do trabalho, em vez dos prazos finais de tarefas específicas.
   - Os relatórios de projeto mostram informações de conclusão da corrente crítica, bem como de consumo dos pulmões de projeto e de convergência.
5. Novas regras na cadeia de suprimentos:
   - Cada elo trabalha de acordo com os relatórios Ganho $ Dias, buscando chegar a um Ganho $ Dias zero.
   - Os elos analisam juntos os relatórios de Estoque $ Dias e buscam reduzir o estoque total na cadeia de suprimentos sem causar impacto sobre o atendimento ao consumidor.

De um modo geral, na maioria dos sistemas ERP atuais existem dados brutos para implantar essas regras. O que falta é interligar os diversos sistemas ao longo da cadeia de suprimentos, com a implementação das novas regras de tomada de decisões.

TI: Aplicando os Cinco Passos de Focalização

Se – e somente se – o esforço de TI estiver afetando positivamente G, I e/ou DO da empresa é que ele trará benefícios para ela. Considerando essa filosofia geral de gestão, fica muito mais fácil decidir como usar a TI para EXPLORAR a restrição da empresa e se SUBORDINAR a essa restrição:

- Se a restrição estiver no mercado e a empresa chegar até o passo ELEVAR, a "Oferta Mafiosa" normalmente exigirá algumas mudanças que envolvem TI. Veja vários exemplos no Capítulo 5, sobre *marketing*. A TI pode subordinar-se à restrição de mercado fazendo dos projetos de *marketing* sua maior prioridade e eliminando dos relatórios de produto todos os vestígios de alocação de custos.
- Se a restrição estiver no mercado e for preciso desenvolver novos produtos, a TI pode subordinar-se tornando disponíveis *softwares* e relatórios de corrente crítica, em tempo real, para todos os executivos.
- Se a restrição estiver no setor de operações, a primeira prioridade da TI deve ser fornecer apoio logístico para melhorar o fluxo de operações.
- Se a restrição estiver na área de distribuição, a prioridade da TI obviamente será dar suporte à nova logística, para oferecer melhores relatórios e tomadas de decisões ao longo de toda a cadeia de distribuição.
- Se a restrição estiver na cadeia de suprimentos, mas for externa à empresa, a TI deve fornecer as ligações para gerar relatórios de Ganho $ Dias e Estoque $ Dias ao longo da cadeia.
- Não importa para que área a TI volte sua atenção, ela deve agilizar a conclusão dos projetos. A TI pode explorar sua própria restrição na duração de projetos ao adotar a solução de corrente crítica em cada atividade sua.

Pelo que descrevemos até agora, vemos que os conflitos entre a TI e os diversos departamentos da empresa podem freqüentemente ter origem em diferentes sistemas de medição. A TI reivindica a vitória para si quando alcança um objetivo tecnológico, quando implanta um novo *hardware* ou *software*, ou quando conclui algum projeto. Já os departamentos funcionais reivindicam a vitória para si quando cumprem suas próprias metas específicas. A empresa como um todo se beneficia somente quando a nova tecnologia resulta em um impacto positivo, quantificável, sobre G, I e DO, ou seja, quando diminui uma limitação que a esteja bloqueando.

Para isso, é preciso superar uma série de outros obstáculos:

- Os fornecedores de *software* precisam estar dispostos a inserir as novas regras dos setores de operações, logística de distribuição, gestão de projetos e contabilidade de ganhos em seus sistemas, dados e relatórios.

- Os especialistas em integração de TI e os departamentos de TI da empresa devem concordar em ser avaliados conforme o impacto causado por seus serviços sobre as metas da empresa (G, I e DO).
- O setor de TI precisa aceitar que a implementação de uma nova tecnologia não é um fim em si mesmo e, portanto, não deve ser avaliada como tal.
- Para assegurar que a TI obtenha êxito nessa nova forma de avaliação, a empresa deve ter conhecimento especializado para identificar sua restrição e decidir como a TI pode ajudar a explorar e subordinar-se a essa restrição.
- A TI exige um novo conhecimento da abordagem holística da empresa e de como os sistemas devem ser projetados para dar suporte a ela.

Está surgindo uma nova linhagem de especialistas em tecnologia com um conhecimento mais profundo dos negócios. Alguns desses fornecedores de *software* já inseriram as novas regras em seus produtos e implantaram essas soluções no mundo inteiro[2]. Quando as implementações de *software* são concluídas, esses esforços, juntamente com mudanças nas políticas e nos indicadores internos, lançam milhões de dólares em lucros no balanço de resultados financeiros, no prazo de um ano.

O obstáculo de maior desafio normalmente é conseguir a colaboração geral da empresa para identificar e focar sua atenção na restrição-chave, obtendo depois um nível adequado de compreensão do negócio e a colaboração dos especialistas em integração de TI e dos departamentos internos da empresa para lidar com ela. Sendo bastante evidente que essa é uma equação ganha-ganha para todas as partes envolvidas, por que é tão difícil fazer com que elas colaborem umas com as outras?

Cinqüenta por cento do desafio de lidar com algum problema é analisá-lo até o âmago e encontrar a solução correta. Os outros cinqüenta por cento estão em vender a idéia de solução de modo a conseguir a adesão e o comprometimento total de todos os envolvidos. Para superar esses obstáculos é preciso treinar intensamente uma das habilidades mais importantes: a habilidade em vendas. Essa é uma parte tão importante do esforço de MELHORIA, que dedicamos o próximo capítulo integralmente a ele.

Resumo e Próximos Passos

Uma tecnologia dá certo se – e somente se – ela diminui uma limitação que impede a empresa de alcançar seus objetivos. Por isso, para avaliar corretamente o sucesso de qualquer esforço de TI, precisamos primeiro responder à seguinte pergunta: qual é a limitação que impede a empresa de alcançar seus objetivos?

Primeiro, IDENTIFIQUE a restrição do sistema. Para superar a limitação identificada, a empresa precisa mudar as regras pelas quais se orienta e a TI deve inserir essas novas regras nos bancos de dados, nos relatórios e na infra-estrutura de *soft-*

---

[2] Veja o Apêndice D ou envie um *e-mail* para kendalljaquelyn@cs.com.

ware. As respostas corretas para as limitações em operações, distribuição, gestão de projetos, *marketing*, finanças e indicadores já foram fornecidas nos capítulos anteriores. Atualmente já existem soluções de *software* com as novas regras.

O que ainda precisa ser feito é obter a adesão a essa nova abordagem por parte da equipe administrativa, dos especialistas em integração de TI, dos fornecedores de serviços e do departamento interno de TI da empresa. Como essa etapa apresenta desafios bastante específicos e muitas pessoas cometem o erro fatal de subestimá-la, dedicamos o próximo capítulo na íntegra a vendas e ao modo de superar as camadas de resistência à mudança. A experiência nos diz que quanto mais poderosa for a solução e mais óbvios forem os seus benefícios, tanto mais difícil será vendê-la a mais alguém. Os motivos não são tão óbvios. A poderosa abordagem de vendas descrita no próximo capítulo surgiu dos Cinco Passos de Focalização.

Parte IV

Fazendo Acontecer, Agora e no Futuro

11

Adesão: Superando as Camadas de Resistência

*"Quanto mais poderosa a solução, mais difícil é vendê-la.
Soluções ganha-ganha não se vendem!"*

Introdução

Quanto mais convencido você estiver do poder e dos benefícios da Visão Viável, maior resistência à mudança provavelmente irá criar. É muito comum que o presidente de uma empresa tenha de batalhar para que os altos executivos ajam com eficiência na implantação de uma mudança de paradigma. A oposição destes muitas vezes tem razão de ser. Freqüentemente as palavras "mudança" e "melhoria" são usadas de forma intercambiável. No entanto, ao passo que a melhoria exige mudança, a mudança nem sempre resulta em melhoria. Muitos estudos documentam um alto índice de insucesso (superior a 50%) na obtenção de uma melhoria visível a partir das mudanças realizadas nas empresas. Este capítulo aborda uma das principais causas desses insucessos, o fracasso em obter a adesão de todas as partes envolvidas.

Durante muitos anos, as pessoas consideravam "vendas" e "adesão" uma arte. Quando tem em mente as diferentes áreas em que é necessário adesão para implantar com êxito uma importante solução – como, por exemplo, a Visão Viável –, você não gostaria de confiar o seu sucesso a uma arte, não é mesmo? Goldratt disponibiliza um processo de adesão e vendas projetado para superar as camadas de resistência à mudança e aumentar as chances de sucesso.

Vale lembrar as diversas áreas em que o sucesso é necessário. A equipe de vendas precisa aprender a vender o valor de uma oferta irrecusável de *marketing*. A gestão de operações precisa obter a adesão de seu pessoal, de modo a simplificar drasticamente a programação e a execução das tarefas. Para obter êxito, os gerentes de projetos precisam conseguir uma importante adesão à nova forma de programar projetos, à ética de trabalho do tipo "corrida de revezamento" e também precisam parar de avaliar as pessoas de acordo com o cumprimento das tarefas no prazo. Na área de distribuição e na cadeia de suprimentos, os participantes precisam ser convencidos a adotar o sistema puxado e a utilizar os medidores Ganho $ Dias e Estoque $ Dias (veja Capítulo 9).

Os incentivadores das idéias que fundamentam importantes mudanças só enxergam os aspectos positivos dessas idéias, ficando cegos para quaisquer problemas que sua solução possa criar. É muito comum que as pessoas que propõem grandes mudanças sejam rotuladas de "fanáticas". Goldratt diz, brincando, que quando é o presidente da empresa que propõe uma gigantesca mudança de paradigma o rótulo que lhe atribuem é de "fanático perigoso"[1].

Quando uma pessoa apresenta à diretoria da empresa suas novas e brilhantes idéias de melhoria, normalmente a receptividade não é muito calorosa. As pessoas resistem à mudança, por diversos motivos. Na área administrativa, a maioria já refletiu sobre o assunto em pauta e tem sua própria opinião a respeito. Alguns não enxergam como seus problemas serão resolvidos ou como suas necessidades serão atendidas pela solução proposta. Outros acreditam que a solução é muito complicada ou pouco prática ou ainda ela entra em conflito com suas próprias idéias de melhoria.

Por isso, quando se começa uma apresentação propondo uma solução significativa, cria-se um grande bloqueio para a adesão a ela. Isso é normal tanto nas vendas internas como externas. Essa síndrome foi oficialmente estudada por um brilhante cientista estatístico, Neil Rackham[2], que realizou um estudo de 35 mil reuniões de vendas e registrou os comportamentos que funcionavam ou não na hora de fechar uma venda.

O problema fundamental é uma questão de habilidades. Existem diversas camadas de resistência à mudança. Para aumentar as chances de sucesso em qualquer esforço de vendas, interno ou externo, é preciso superar essas camadas em seqüência.

As Camadas de Resistência à Mudança

Muitas vezes, no momento em que se identifica a solução, o patrocinador da idéia se sente pressionado a colocá-la em prática o mais rápido possível, antes de obter uma adesão total. É muito tentador "encerrar o problema" em uma só reunião, argumentando como tudo será maravilhoso depois de implantada a solução. Entretanto, para ter êxito os vendedores e gerentes precisam fazer algo que vai contra a própria intuição: *não* devem apresentar a solução cedo demais – e isso vale até mesmo para o presidente da empresa. Fazê-lo é um erro fatal, segundo a pesquisa de Rackham.

---

[1] *TOC Self Learning Program*, Módulo 6, Vendas (veja a Bibliografia).
[2] Neil Rackham, *SPIN Selling*, McGraw-Hill, New York, 1988.

Rackham mostra que as objeções são levantadas quando o apresentador fala sobre as características ou os benefícios da solução antes de deixar claro a necessidade. Quanto mais objeções forem levantadas na hora de "vender a idéia", menor será a probabilidade de se conseguir fechar o acordo. O segredo é *evitar as objeções*. Para tanto, é necessário superar as camadas de resistência à mudança na seqüência correta.

Camada 1: As Pessoas Não Concordam com o Problema

Muitas pessoas se preparam previamente para obter adesão à sua idéia, mas esquecem um detalhe essencial: qual é o problema na óptica de uma determinada platéia. A questão é que, em qualquer assunto, *sempre há mais de um problema.* Por exemplo, em uma empresa que vende produtos para projetos, o diretor de *marketing* poderá descrever o problema da seguinte maneira: "Existe um enorme excesso de capacidade em nosso setor". Já os vendedores dirão: "A concorrência está acirrada". O diretor de operações, por sua vez, irá comentar: "Os clientes esperam que façamos milagres em termos de *lead time*", enquanto que o diretor financeiro exclamará que "os custos indiretos estão muito altos!".

Se sua proposta para adesão focalizar apenas um desses problemas e ignorar os demais, será impossível obter o consenso da equipe administrativa. Além disso, esses problemas são meros sintomas. E dar atenção somente ao sintoma, sem ligar para o problema raiz, não trará resultados duradouros. É muito complexo e pouco eficiente tentar resolver cada problema isoladamente. Nesse momento uma simplicidade intrínseca realmente vale a pena, ligando diversos problemas a uma causa raiz comum.

Para fazer com que uma audiência mude de idéia e se sinta parte de um esforço holístico, comece descrevendo seus problemas. Com isso você a ajudará a enxergar que todos estão no mesmo barco e que seus problemas estão interligados. Portanto, cabe ao responsável pela proposta mostrar como os problemas estão ligados às diferentes áreas funcionais. Uma maneira de abordar os vários e variados sintomas de uma forma tão significativa é identificar corretamente um conflito importante, algo que está no âmago de *todos* os problemas descritos por você.

Em nosso exemplo, o apresentador da proposta captará o interesse de todos descrevendo com exatidão os conflitos que geram os diversos sintomas (veja a Figura 11.1). "Devido ao enorme excesso de capacidade em nosso setor, estamos em permanente conflito no que diz respeito aos estoques. O departamento de vendas quer que mantenhamos um estoque maior, para não perdermos nenhuma venda. Mas ninguém pode prever com exatidão o que os clientes comprarão no curto prazo. Assim, se mantivermos um estoque maior, terminaremos com excedentes com alto custo de carregamento. Se não aumentarmos o estoque, perderemos algumas vendas ou enfrentaremos situações emergenciais. Agora entendemos por que a gerência de operações fica contrariada quando precisa pôr a fábrica de cabeça para baixo para

112 Visão Viável

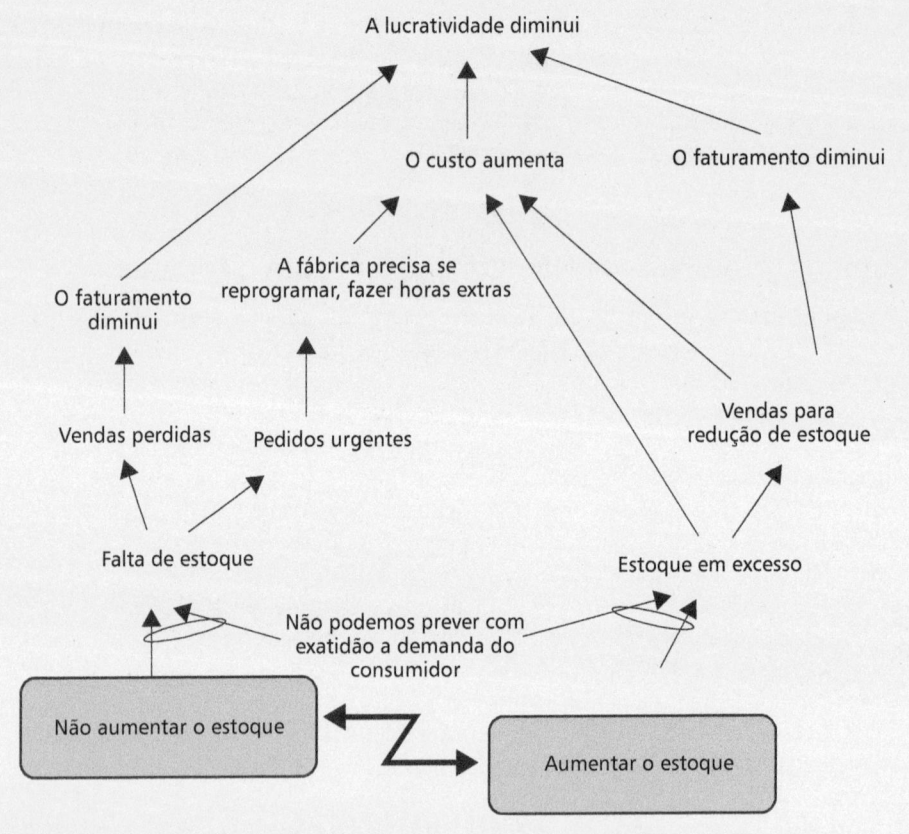

```
                        A lucratividade diminui
                         ↑      ↑         ↖
                                           
                    O custo aumenta    O faturamento diminui
                      ↑    ↑                ↑
            A fábrica precisa se
O faturamento  reprogramar, fazer horas extras
   diminui
     ↑              ↑
                                    Vendas para
                                 redução de estoque
Vendas perdidas  Pedidos urgentes        ↑
     ↑              ↑
                                      
   Falta de estoque              Estoque em excesso
          ⟅                            ⟆
         Não podemos prever com
         exatidão a demanda do
              consumidor
   [Não aumentar o estoque]  ⇄  [Aumentar o estoque]
```

Figura 11.1. Superando a camada de resistência nº 1: mostrando as ligações entre os problemas.

atender a um pedido urgente. Se não mudarmos nossas práticas básicas nas áreas de operações, vendas e *marketing*, esses problemas irão persistir."

Você poderia seguir descrevendo conflitos entre a produção e a engenharia, entre o controle de qualidade e a produção, etc. Determine, pois, quais são as ligações entre as áreas funcionais e então apresente um resumo de como cada área, influenciada por seus medidores locais, trabalha de forma não-holística e contra as outras áreas. Dessa forma fica evidente que o problema raiz está situado em um nível muito mais profundo do que cada um dos sintomas individuais, porém ligado aos problemas individuais de cada um.

Camada 2: As Pessoas Não Concordam Quanto à Direção da Solução

Mesmo que as pessoas concordem com você quanto aos problemas, não pense que elas estão prontas para escutar a *sua* solução. O perigo nessa fase de "vender a idéia" é que elas busquem soluções parciais, não-holísticas, que resolverão apenas parte do problema fundamental, ou seja, a parte que as afeta mais diretamente. Por isso, é preciso obter um acordo quanto ao caminho a tomar na busca de uma solução.

Para evitar longos debates desnecessários e sugestões ineficazes, descreva as características que a solução deve ter antes de apresentá-la. Descreva a que necessidades ela deve atender. Por exemplo, em uma Visão Viável, é preciso atender às seguintes necessidades e incluir as características mencionadas, quais sejam:

- Incluir um sistema de referência holístico que alinhe a empresa e volte toda a sua atenção para a restrição e os impulsores que irão proporcionar um crescimento exponencial.
- Reconhecer os recursos limitados da empresa.
- Ter um sistema de medição holístico claro e de fácil compreensão.
- Conter propostas para o mercado que sejam difíceis de ser imitadas pela concorrência.
- Incluir uma metodologia para uma rápida implementação.
- Fazer com que as áreas de operações e de distribuição tenham um desempenho muito mais previsível, com capacidade de lidar com grandes aumentos de vendas, *lead times* mais curtos e menor falta de estoque.
- Implantar medidores de cadeia de suprimentos que levem todas as partes envolvidas a fazer o que é bom para a cadeia como um todo.
- Ensinar a equipe de vendas a vender mais valor para os clientes.

Se alguém der uma sugestão alternativa válida à sua proposta e você ignorá-la, correrá o risco não só de desmotivar as pessoas a implantar a solução, mas também de desprezar uma solução eventualmente melhor. O mais lógico a fazer é considerar sugestões alternativas com o devido respeito. Você está em uma posição excelente: tem duas ou mais alternativas boas à disposição.

A primeira pergunta a fazer é se a solução alternativa proposta tem todas as características que você identificou e apresentou. Em caso afirmativo, uma excelente ferramenta de avaliação é usar os indicadores G, I e DO em conjunto com os pressupostos intrínsecos do patrocinador da idéia acerca das soluções propostas. Não importa qual a idéia a ser implantada, as necessidades holísticas foram compreendidas por todos e em todas as áreas funcionais. Atender a essas necessidades superando conflitos de longa data, como aquele ilustrado na Figura 11.1, *é* o caminho certo para chegar a uma solução.

Camada 3: As Pessoas Não Concordam Que a Solução Proposta Irá Superar o Problema

O proponente da solução precisa lançar mão de um raciocínio persuasivo para mostrar como cada elemento de sua solução irá superar os problemas identificados na Camada 1: os sintomas e a causa raiz. Isso significa que a solução precisa ser apresentada com detalhes suficientes para que cada área funcional possa ver o benefício para a empresa como um todo e como ela irá superar os principais problemas em sua área, que impedem a empresa de atingir suas metas. Uma solução mal elaborada será bombardeada pela equipe administrativa e com toda a razão.

O tipo de raciocínio que estamos descrevendo é de causa-efeito, uma estrutura construída de maneira sólida, não despropositada, e sustentada por regras lógicas há muito tempo comprovadas. Para alguns exemplos detalhados, consulte *Insights* em Operações, Distribuição, Finanças e Medidores, e Gestão de Projeto[3].

A título de exemplo, observe a Figura 11.1. Quando apresentamos a Visão Viável a uma empresa que vende por intermédio de distribuidores, precisamos mostrar que a nova logística da fábrica irá nos assegurar um *lead time* curto, que nossa oferta será levada a sério pelo potencial comprador, pelas multas que estamos dispostos a pagar. Precisamos explicar por que o sistema puxado na área de distribuição reduz a falta de estoque, aumenta as vendas e reduz a obsolescência e os custos de manutenção de estoque. Devemos expor o raciocínio que garante que a empresa raramente terá de pagar tais multas. Precisamos, ademais, mostrar como a área de operações conseguirá dar conta de volumes cinco vezes maiores que os atuais.

À medida que o apresentador explicar esses detalhes da solução e seus efeitos, a audiência deverá compreender como as peças principais se encaixam. Uma vez estando convencidas de que a solução resolverá o problema principal, as pessoas ainda manifestarão dois tipos de preocupações, as quais serão abordadas nas próximas duas camadas de resistência à mudança.

Camadas 4 e 5: Sim, Mas...

Aquele que propuser uma solução precisa iniciar sua apresentação contando com prováveis críticas, e não com elogios. É perfeitamente normal que as pessoas se mostrem céticas em relação às soluções propostas. Muitas vezes, em momentos como esse, o apresentador poderia aniquilar a adesão das pessoas ao reagir de forma errada às críticas. Quem quer que deseje obter uma adesão e um comprometimento irrestritos deve estar preparado para receber críticas e lidar com elas de forma positiva.

A crítica do tipo "sim, mas" aparece sob duas formas. A camada 4 de resistência indica que a implantação da solução apresentada poderia levar a conseqüências negativas. Por exemplo, o diretor de operações de um fabricante poderia dizer: "Se a proposta do *marketing* tiver êxito, não teremos capacidade de produção sem antes

---
[3] A série *TOC Insights*, descrita na Bibliografia.

Adesão: Superando as Camadas de Resistência 115

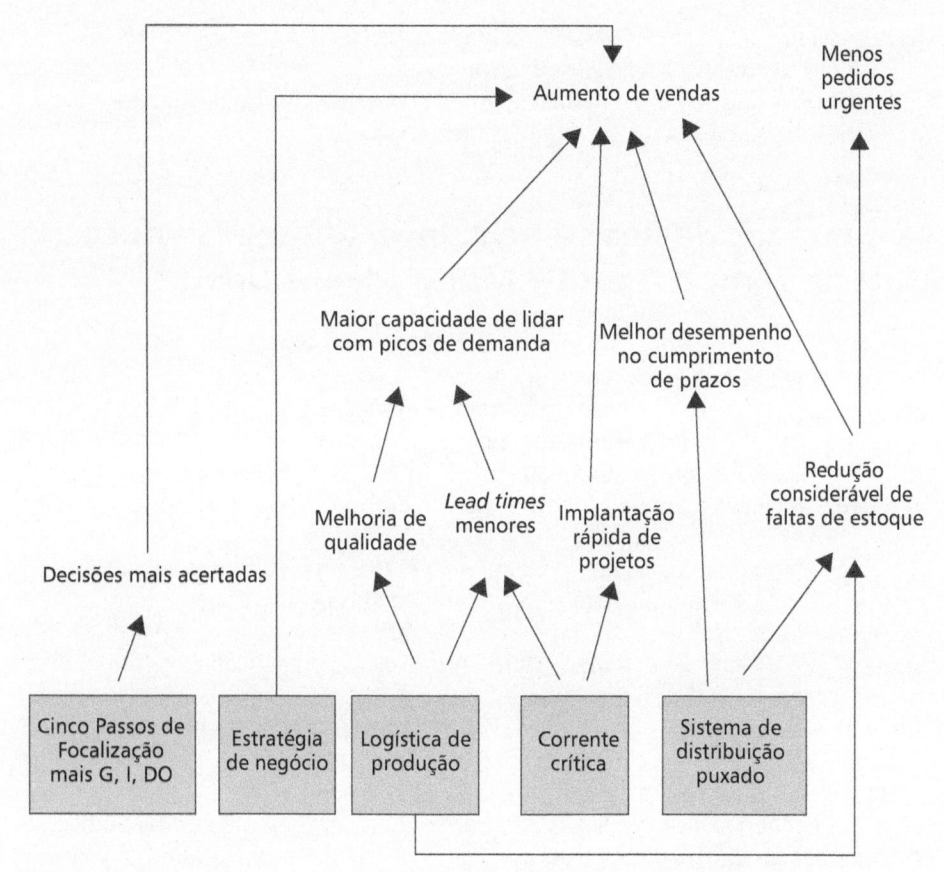

Figura 11.2. Superando a camada 3: mostrando como a solução supera os efeitos negativos.

aumentarmos nossas instalações". Um outro tipo de situação "sim, mas" chama-se camada 5 de resistência, que acontece quando a pessoa vê empecilhos para a implantação da solução. Por exemplo: "Sim, mas a nova logística para lidar com as operações requer habilidades técnicas e *software* que não possuímos". Em outras palavras, as pessoas não estão se queixando dos efeitos negativos que acontecem *depois* da implantação da idéia; elas estão preocupadas com obstáculos que possam impedi-los de *implantar* a idéia.

Os dois tipos de preocupação devem ser levados a sério, rigorosamente registrados e superados. A pessoa mais indicada a quem recorrer para mostrar como superar tais preocupações é aquela que as levantou desde o início. Por isso afirmamos que, diante de qualquer uma dessas preocupações, o certo é pôr a preocupação no papel, reconhecendo-a formalmente. O próximo passo é descobrir se ela é válida. Nesse caso, sua resposta deveria ser: "Você está certo. Isso pode ser um problema. *Você* tem alguma idéia de como resolver isso?". Quando aquele que expressou a preocupação é convidado a oferecer uma sugestão, é surpreendente como muitas vezes ele tem uma ótima idéia de como superar o problema. E, se a sugestão dele for incluída na solução do problema, a sua adesão aumenta consideravelmente.

As Camadas de Resistência: Investindo Um Pouco Mais de Tempo Agora e Muito Menos Depois

Essa abordagem de adesão – superar as camadas de resistência à mudança – funciona muito bem quando aplicada em seqüência. Se você pular uma etapa, estará forçando a aceitação de sua solução, com grandes chances de não obter êxito. A adesão que cada proponente deseja vai muito além do simples entendimento da solução. A audiência, seja ela a equipe administrativa interna ou um cliente, precisa trabalhar com urgência e em perfeito alinhamento desde o primeiro dia para implantar a solução.

Há um efeito psicológico muito positivo quando o processo é seguido à risca. Na camada 1, a audiência diz: "Esta pessoa entende minha dor". Eles vêem o sistema como um todo e o problema raiz intrínseco. Se você alcançou seu objetivo nessa etapa, a audiência diz: "Percebo que é inútil atacar os sintomas isoladamente. É claro que precisamos lidar com o problema raiz". Na camada 2, a platéia chega à conclusão de que "nossa busca por uma solução precisa atender a algumas necessidades vitais do sistema". Na camada 3, eles estão convencidos de que "essa solução irá superar cada um de nossos principais problemas, desde que consigamos implantá-la". E, finalmente, nas camadas 4 e 5, a audiência diz: "Todas as minhas principais preocupações foram levadas em conta. Como posso ajudar a implantar a idéia?".

Resumo e Próximos Passos

O grande erro quando se tenta vender uma idéia e obter adesão é forçar uma solução antes de conseguir a concordância da audiência quanto à natureza do problema. As camadas de resistência à mudança podem ser uma força positiva muito poderosa em qualquer mudança de paradigma, se você estiver disposto a fazer uso delas. Se elas forem levadas em conta na forma e na seqüência corretas, será muito mais fácil convencer as pessoas a apoiar e ajudar a implantar a solução.

Se você der atenção à restrição de sua empresa, terá percorrido um longo caminho na meta de torná-la uma organização saudável, com clientes satisfeitos e ótimas relações com os fornecedores. No entanto, tudo isso não é suficiente para chegar a uma Visão Viável. A maioria dos componentes dela já está ali. No entanto, para crescer de forma exponencial, você precisa de um mapa bem detalhado. Tudo isso será discutido no próximo capítulo, cujo tema é *estratégia*.

12

Estratégia

*"A maioria das estratégias de longo prazo é tão útil
quanto uma previsão meteorológica para cinco anos."*

Introdução

Os investidores querem ver uma melhoria sustentável e significativa. Para alcançar essa melhoria, a empresa precisa de uma estratégia que a proteja de grandes oscilações quando houver recessão econômica ou o surgimento de novos competidores fortes no mercado. Para pôr em prática essa estratégia, a empresa precisa fazer muito mais do que apenas cumprir suas metas dentro de um determinado prazo.

Todas as idéias e o novo sistema de referência que descrevemos nos capítulos anteriores são pré-requisitos para uma boa estratégia de longo prazo. Entretanto, eles podem não ser suficientes para sustentar a empresa pelos próximos quinze anos. O problema é que uma boa estratégia não implica apenas um fator, mas sim três fatores diferentes, que muitas vezes estão em conflito entre si:

- Ganhar dinheiro agora e no futuro.
- Proporcionar satisfação ao mercado, agora e no futuro (por mercado Goldratt entende mais do que apenas os clientes e os potenciais compradores; ele também inclui os fornecedores, as comunidades em que a empresa atua, o meio ambiente, etc.).
- Proporcionar um ambiente que dê segurança e satisfação a seus funcionários, agora e no futuro.

Não faz a menor diferença qual das três condições você diz ser sua meta e qual delas considera uma condição necessária: a estratégia será idêntica. As empresas podem alegar que sua meta é satisfazer aos clientes, agora e no futuro. Isso é bom, desde que elas reconheçam que ganhar dinheiro e satisfazer aos funcionários são condições necessárias para manter a satisfação dos clientes. Ou então um sindicato poderia afirmar que o objetivo é a segurança e a satisfação dos funcionários. Isso também é bom, desde que ele reconheça que ganhar dinheiro e satisfazer aos clientes é fundamental para manter os funcionários seguros por um longo tempo.

Ganhar dinheiro, dar segurança aos funcionários e satisfazer ao mercado são ações que entram em conflito quando o fluxo de caixa é ameaçado ou quando a empresa está em uma espiral descendente e não vê saída a curto prazo.

Quando a empresa se encontra na desconfortável situação de ter de infringir uma dessas três condições necessárias para sua existência, os resultados muitas vezes são desastrosos. A revista *Fortune* publicou há alguns anos uma pesquisa mostrando que as empresas que promovem demissões em massa e grandes cortes de despesas tendem a repetir tais medidas freqüentemente. O estudo mostrou que a longo prazo essas empresas ficam em uma situação bem pior do que aquelas que adotam estratégias de crescimento para melhorar. As demissões justificadas por uma crise de fluxo de caixa podem ser toleradas pelos funcionários, se ocorrerem apenas uma vez. Demissões sucessivas, ou demissões que acontecem quando a situação financeira da empresa no curto e longo prazos é boa, transmitem a seguinte mensagem: "Não se dê ao trabalho de melhorar qualquer coisa por aqui, já que qualquer melhoria será transformada em mais demissões".

Eliminando para Sempre os Conflitos

Os conflitos não são eliminados por previsões otimistas, por um sistema sofisticado de computação ou por qualquer outra tecnologia de ponta. Uma estratégia baseada apenas nessas características é, na melhor das hipóteses, arriscada. Assim, só haverá uma solução permanente dos conflitos quando a seguinte pergunta for respondida: como podemos criar uma vantagem competitiva duradoura? – uma vantagem que sustente a empresa pelos próximos dez ou quinze anos.

A chave para eliminar permanentemente os conflitos entre as três condições essenciais vai além de um bom *marketing* e uma área de operações eficiente. No mercado globalizado de hoje, é impressionante a rapidez com que as coisas mudam. É necessária uma boa rede de "proteção" em torno da empresa, para atender a todas as três condições. Não se desenvolve essa proteção da noite para o dia. Pergunte-se que acontecimentos inesperados poderiam prejudicar sua empresa.

Para atender às três condições, a empresa precisa criar uma vantagem competitiva dominante. Além disso, mesmo que a empresa seja seriamente prejudicada em uma ou duas áreas de operação – seja pela concorrência, por decisões do governo ou por alguma outra circunstância –, sua estratégia deve permitir a ela seguir adiante, sem causar impacto em seus clientes ou funcionários.

Criando uma Vantagem Competitiva Duradoura

Existem cinco pré-requisitos essenciais para uma boa estratégia:

1. Um sistema de referência comum e adequado para toda a administração, incluindo um sistema global de medição que induza e estimule um comportamento holístico ao longo de toda a cadeia de suprimentos. Esse sistema de referência é G, I, DO e os Cinco Passos de Focalização.
2. Uma logística de operações estável e previsível que permita à empresa uma boa flexibilidade. A empresa deve atender às expectativas do cliente em termos de prazo e *lead time*, pelo menos tão bem quanto a concorrência. Além disso, à medida que a demanda se transformar em grandes volumes, a empresa precisa estar preparada para reagir rapidamente. Isso exige focalizar uma ou duas variáveis, os pontos de pressão dentro da área de operações que devem ser ajustados rapidamente. A solução Tambor–Pulmão–Corda, descrita no Capítulo 6, deve ser implementada *antes* de abrir a válvula para o mercado.
3. Uma distribuição estável e previsível dentro da cadeia de suprimentos que seja melhor do que as cadeias de suprimentos dos concorrentes. A logística de distribuição da Teoria das Restrições fornece o sistema puxado e regras para sustentar esse ambiente.
4. A capacidade de implementar mudanças de forma rápida e previsível. Isso significa uma excelente execução da gestão de projetos. A metodologia da corrente crítica fornece meios de reduzir drasticamente a duração dos projetos e aumentar a probabilidade de concluí-los com êxito. A corrente crítica não é opcional, ela é um pré-requisito para atingir a Visão Viável.
5. *Software* que traga embutidas as regras da Teoria das Restrições.

Depois de implementar essas cinco condições, a empresa fica estável e pode se adaptar rapidamente às mudanças de mercado. Aqui apresentamos seis idéias que, quando combinadas, podem levar a empresa a dominar o mercado por dez a quinze anos.

1. **Implementar modificações nas ofertas atuais de produto/serviço que aumentem consideravelmente, para uma grande parcela do mercado, a percepção de valor por parte do cliente**. Essa idéia utiliza os conceitos de "Oferta Mafiosa" descritos nos capítulos sobre *marketing* e Visão Viável. Para criar esse tipo de oferta, é preciso entender muito bem seus clientes e como eles se beneficiarão das mudanças em:
   - Opções
   - Embalagem
   - Nível de atendimento
   - Garantias
   - Reação ou *lead time*

- Eliminação dos aborrecimentos comuns do setor, como taxas de transporte, pedidos mínimos, etc.

Não faça uma oferta baseada em preço mais baixo. O preço é o atributo mais fácil de ser copiado pelos concorrentes. Em primeiro lugar, é preciso analisar as políticas arraigadas no setor, antes de mudar o produto físico em si. O resultado de implantar essa idéia é uma vantagem significativa em um mercado de tamanho considerável. Além disso, o departamento de *marketing* aprendeu como reposicionar com êxito seus produtos de maior valor no mercado. O pessoal de vendas aprendeu como vender valor de forma eficiente, e o setor de operações aprendeu a gerenciar aumentos consideráveis na demanda. Esses sucessos ajudam a elevar, em todas essas áreas funcionais, a confiança na estratégia – uma condição desejável antes de se implementar a idéia nº 2.

2. **As ofertas são apresentadas de forma a garantir a segmentação.** Um mercado é considerado corretamente segmentado quando os preços e as quantidades vendidas naquele segmento não causam nenhum impacto sobre os preços e as quantidades vendidas em outros segmentos. A segmentação dá a oportunidade de atender às necessidades de diferentes grupos de clientes de forma especial, com o mesmo produto ou serviço básico. Por exemplo, um fabricante de calçados finos entra no mercado de produção em massa de sapatos de preço baixo. Um fabricante de peças originais para caminhões segmenta seu mercado ingressando no mercado de peças não-originais de reposição. Um distribuidor de produtos de alta tecnologia do ramo da comunicação sem fio utiliza seu conhecimento para distribuir bens de consumo básicos. O resultado da implantação dessa idéia é que a empresa opera em muitos segmentos de mercado nos quais possui vantagem competitiva.

3. **A empresa decide não abocanhar 100% de um segmento de mercado que não é muito lucrativo.** A empresa que detém 100% de um segmento de mercado dispõe de muito menos flexibilidade para melhorar. Deter monopólio implica certas responsabilidades. Se você decidir sair desse segmento e não deixar nenhuma alternativa para seus clientes, estes odiarão sua empresa por muitos e muitos anos. Não desperdice muito tempo e esforço tentando ganhar 100% de um mercado, a não ser que ele seja altamente lucrativo. Economize seus recursos para empregá-los onde eles sejam mais úteis.

4. **A empresa toma cuidado para trabalhar somente com produtos novos que exijam praticamente os mesmos recursos (pessoas) de que ela já dispõe.** Uma empresa capaz de direcionar seus recursos para onde eles forem mais necessários nos diversos mercados em que ela opera e para atender a inúmeras oportunidades diferentes tem grande flexibilidade. Isso lhe permite atender às condições essenciais de segurança e satisfação de seus funcionários e assim obter mais lucros. Devemos lembrar que o fundamental, ao implementar essa idéia estratégica, é que estamos falando de *pessoas*, e não de máquinas. Por exemplo, um excelente gerente de componentes para

aviação também pode gerenciar inúmeros outros ambientes na área de engenharia. Dessa forma, a empresa pode segmentar seus mercados, e não os seus recursos, com flexibilidade suficiente para transferi-los à vontade.

5. **Ao criar um leque de segmentos de mercado, a empresa procura escolher aqueles segmentos com menos probabilidade de enfrentar uma crise de recessão simultaneamente.** Combinando essa idéia com as idéias 2, 3 e 4, a empresa gera a proteção necessária para uma estabilidade de longo prazo. Decidindo não abocanhar 100% de certos segmentos de mercado, a empresa fica com flexibilidade suficiente para enviar recursos para o segmento mais lucrativo de seu leque. Quando o segmento estiver em baixa, a empresa pode transferir os recursos para outros segmentos. Assim, ela raramente se vê obrigada a demitir pessoal.

6. **A empresa utiliza a janela de oportunidades criada com a implementação das idéias supracitadas a fim de identificar um fator que gere uma melhoria de tal ordem que lhe garanta uma vantagem competitiva significativa e faz esforços para ampliá-la.** Com as idéias 1 e 2 implantadas exitosamente, é possível que os concorrentes alcancem a empresa em dois ou três anos. Isso exige que a empresa utilize essa janela para obter uma vantagem competitiva decisiva. Ela precisa agora identificar *um* fator e desenvolvê-lo de modo a tornar seu desempenho muitas vezes melhor que o atual. No segmento de computadores, por exemplo, teria de ser um computador com uma potência cinco vezes maior que a atual, ou cinco vezes mais simples de usar. No ramo de viagens aéreas, imagine uma empresa aérea que o levasse ao seu destino em apenas um quarto do tempo gasto atualmente. Isso não quer dizer que o avião deva necessariamente ser quatro vezes mais rápido. E, quando se trata de automóveis personalizados, imagine um carro feito sob medida para você e entregue em duas semanas, e não no prazo atual de doze a quinze semanas. Esses fatores existem em todos os ramos, mas exigem que a empresa seja virada do avesso para torná-los realidade. Não se trata apenas de um desafio tecnológico; normalmente significa alinhar esforços nas áreas de engenharia, produção, distribuição e *marketing*. Maiores detalhes sobre esse passo, bem como alguns exemplos adicionais, podem ser encontrados na Bibliografia[1]. A empresa tem agora potencial para aumentar sua receita bem acima de sua capacidade atual.

Eis o que significa uma estratégia não baseada em previsões. Esse leque de idéias foi projetado para funcionar em conjunto, no mesmo compasso e em seqüência, para fazer de sua empresa um gorila de 500 quilos dominando seu segmento de mercado. E onde dorme um gorila de 500 quilos? Onde quiser! O principal obstáculo que agora impede sua empresa de implementar essa estratégia é ter uma boa avaliação da

---

[1] Veja, por exemplo, TOC SLP Module 8 na Bibliografia e Gerald I. Kendall, *Advanced Project Portfolio Management and the PMO*, J. Ross Publishing, Boca Raton, FL, 2003, Parte II, sobre estratégia.

situação atual e conseguir a adesão dos executivos e gerentes para implementá-la. Esse é o tema de nosso último capítulo.

Resumo e Próximos Passos

Ao adotar o novo sistema de referência e implementar os cinco pré-requisitos delineados no início deste capítulo, sua empresa estará bem à frente de vários concorrentes, e você estará dando atenção à atual restrição dela. A cadeia de suprimentos estará alinhada, desde os fornecedores de matéria-prima, passando pela distribuição, até o consumidor final. As operações estarão sob controle. Além disso, quase todos os projetos serão concluídos muito mais rápido do que antes.

A partir desse ponto, uma boa estratégia irá assegurar o futuro pelos próximos dez ou quinze anos. Essa estratégia precisa ter uma vantagem competitiva duradoura. As seis idéias apresentadas neste capítulo o levarão até lá. Agora você só precisa certificar-se de que terá a total adesão à sua estratégia e implementá-la.

Para traçar uma rota detalhada, você deve fazer uma avaliação de sua empresa. Ela é necessária para lhe indicar um ponto de partida adequado, ou seja, a sua atual restrição. O CEO precisa de uma avaliação exata da situação da empresa. Se ele concordar com a avaliação e com os elementos que compõem a Visão Viável, o processo de adesão do restante da equipe administrativa poderá ser iniciado. A equipe toda deve estar não só 100% comprometida com a idéia, como também ter uma compreensão integral que abranja todas as áreas funcionais, para dar apoio àquilo que precisa ser feito.

Essas questões são tão importantes que dediquei o próximo capítulo inteiro a elas. Nele descobriremos o que é preciso fazer para implementar e aplicar o novo sistema de referência em sua empresa, que a levará a um processo de melhoria continuada, a um valor cada vez maior para todas as partes interessadas – a meninados-olhos dos clientes e do mercado, além de um modelo de segurança e satisfação para seus funcionários.

13

Colocando em Prática a Mudança de Paradigma

"Não nos deixemos enganar pensando que é possível mudar a cultura da empresa por meio de um computador."

Introdução

Depois de mais de vinte e cinco anos de experiência e muitos murros em ponta de faca, aprendi como fazer os altos executivos chegarem a um consenso quanto a um plano estratégico, *sem usar o chicote*. De fato, graças em grande parte a pesquisas e investimentos por parte do dr. Goldratt e sua equipe, essas idéias foram confirmadas. Quando se inicia tal processo da maneira correta, tem-se a certeza de que ele rapidamente irá ganhar velocidade e manter o *impulso*.

Fase I: A Avaliação e a Identificação da Visão Viável

A primeira e mais importante camada de resistência à mudança está na alta administração da empresa. É preciso obter um consenso nesse nível, como pré-requisito para a execução da Fase I. Para tanto, você precisa de uma Visão Viável sólida como uma rocha.

Assim, o primeiro passo é avaliar a restrição intrínseca e os problemas raízes da empresa. De preferência, comece pelo presidente, assegurando-se de entender as metas da empresa e a percepção dele acerca dos principais problemas que o impedem de cumpri-las. Nas reuniões com os membros da equipe executiva, é importante documentar as percepções deles acerca dos problemas e conflitos que os impedem de cumprir seus objetivos.

Explore os problemas gerais da cadeia de suprimentos em cada área funcional e seu impacto sobre o desempenho da empresa. Por exemplo, existem algumas questões que precisam ser exploradas nos setores de *marketing*, operações e distribuição:

1. *Marketing*
   - As reclamações que grupos de clientes manifestam, não só em relação à sua empresa, mas a todas as empresas do setor
   - De que modo o uso de seus produtos ou serviços bloqueia ou acrescenta valor aos principais mercados (observação: a ênfase aqui não está na sua marca, mas nos produtos ou serviços em geral)
   - Participação de mercado e pressões de mercado para redução de preço
   - O impacto da falta de produtos sobre o resultado financeiro tanto do cliente como de sua empresa
   - A concorrência entre produtos novos e produtos tradicionais
   - Quantidade e valor dos produtos devolvidos
   - A importância do giro de estoque e do fluxo de caixa para os clientes
   - A proposta exclusiva de venda de cada linha principal de produto

2. Operações
   - Desempenho quanto a prazo de entrega e agilidade na remessa de mercadorias
   - A dificuldade de administrar situações de picos de demanda
   - O nível de estoque em processo e de produtos acabados
   - A existência de pedidos urgentes e suas implicações
   - Quantificação dos problemas de qualidade

3. Distribuição
   - O nível de estoque de produtos acabados e sua localização
   - Quantificação do estoque em excesso ou em falta
   - A existência de entregas "urgentes", transferência de produtos acabados de um depósito para outro e quantificação
   - A dependência da exatidão das previsões
   - A existência de uma única política de reposição de estoques ao longo de toda a cadeia de suprimentos
   - Logística do atual sistema (mín./máx. ou outra)

Se necessário, você mesmo pode deduzir essas questões estudando alguns textos mais detalhados[1]. A análise dessa informação confirmará onde está a restrição da empresa e seu impacto sobre o desempenho dela.

A partir da referida informação, é preciso desenvolver quatro elementos essenciais para chegar a uma Visão Viável. Um deles é a estratégia de *marketing*, incluindo a oferta ao mercado, que impulsionará um crescimento exponencial das vendas. Se a empresa tiver menos de 50% de participação de mercado, é bem possível que uma

---

[1] Veja as séries TOC SLP e TOC Insights na Bibliografia.

oferta como essa possa ser feita ao mercado. Lembre que cada oferta tem um componente que a torna "irrecusável", mas ele nunca se baseia no preço. Se a empresa tiver uma participação de mercado superior a 50%, então a estratégia de *marketing* terá de considerar outros mercados e produtos.

O segundo componente essencial da Visão Viável são as aplicações de logística que irão provocar uma melhoria importante e contínua em questões como *lead time*, cumprimento de prazos, geração de receita, falta de estoque e redução de estoques ao longo da cadeia de suprimentos. Para uma compreensão mais aprofundada da logística, veja o material disponível a esse respeito[2].

O terceiro componente essencial é um sistema de referência correto (os Cinco Passos de Focalização; os parâmetros globais de G, I e DO; e os medidores de cadeia de suprimentos de Ganho $ Dias e Estoque $ Dias), e o quarto componente é a gestão ágil dos projetos, com uma logística correta para a gestão do ambiente de múltiplos projetos, ou seja, a abordagem de corrente crítica descrita neste livro.

Fase II: Adesão

Antes de levar o assunto até os altos executivos de sua empresa, certifique-se de que o presidente e um ou dois membros de sua equipe tenham aderido à idéia da Visão Viável. Individualmente, cada executivo quer saber se a Visão Viável e suas mudanças logísticas são práticas e se elas tornarão a vida mais fácil e confortável. Embora eles se preocupem muito com o desempenho da empresa como um todo, é com os *próprios* problemas desagradáveis que eles têm de conviver diariamente.

Por isso, uma vez que tenha concluído a avaliação e identificado a Visão Viável, você precisa certificar-se de que toda a equipe executiva concorda com suas conclusões. Uma excelente maneira de fazê-lo é usar perguntas para testar as práticas e os conflitos atuais. Quando for apresentar a análise, você precisa mostrar as interações entre a restrição e os problemas causados por ela nas áreas funcionais. Você também precisa mostrar onde está o grande potencial para adotar a Visão Viável, com base nas novas ofertas ao mercado. O Capítulo 11 apresenta alguns exemplos dessa abordagem.

Ao obter adesão a essas questões, é importante observar se há reações de defesa. Ao apresentar uma análise, tome o cuidado de apontar o dedo *para o sistema, e não para as pessoas*, mostrando que é um conflito no sistema que está causando os problemas ("conflito no sistema" significa que duas necessidades, ambas essenciais para alcançar as metas do sistema, geram conflitos e resultados negativos, como mostra o exemplo da Figura 13.1).

Você precisa do consenso de toda a equipe executiva antes de passar à Fase III. Se alguns deles tiverem restrições válidas a respeito da análise que possam ser es-

---
[2] Veja *TOC Insights em Operações e Distribuição* na Bibliografia.

126 Visão Viável

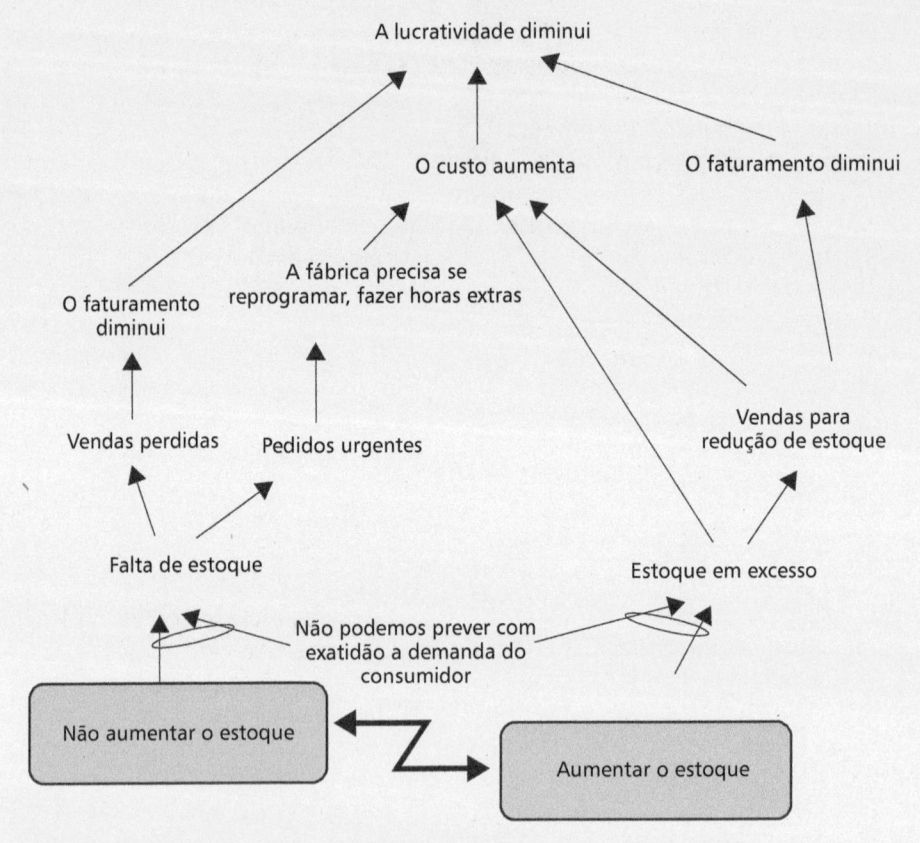

```
                    A lucratividade diminui
                        ↗           ↖
                 O custo aumenta    O faturamento diminui
                        ↑
           A fábrica precisa se
           reprogramar, fazer horas extras
                        ↑
  O faturamento
    diminui                              Vendas para
      ↑                                  redução de estoque
Vendas perdidas  Pedidos urgentes              ↑
      ↑              ↑
   Falta de estoque              Estoque em excesso
        ↖↗                              ↖↗
           Não podemos prever com
           exatidão a demanda do
                consumidor
   ┌──────────────────┐         ┌──────────────────┐
   │ Não aumentar o   │ ←─⚡─→  │ Aumentar o       │
   │ estoque          │         │ estoque          │
   └──────────────────┘         └──────────────────┘
```

Figura 13.1. Exemplo de um conflito de sistema.

clarecidas rapidamente com um pouco de pesquisa adicional, concorde em fazê-lo e combine uma data para a próxima reunião.

Nesse ponto, sucesso significa que a equipe admite que a visão identificada é viável e concorda sobre quais problemas/conflitos raízes a bloqueiam. Antes de implementar a Visão Viável, é preciso superar diversos obstáculos. Se a equipe não tiver um entendimento profundo – comum a todos – das relações de causa e efeito ao longo das cadeias de suprimentos interna e externa, as chances de implementar uma solução completa são praticamente nulas. Esses executivos não reconhecerão inteiramente a necessidade de que certas idéias sejam implantadas ou de que devam ser feitas certas mudanças.

Fase III: O Processo 4 x 4[3]

Cada membro da equipe precisa entender e concordar com o que deve ser feito para explorar e subordinar-se à restrição. O processo descrito a seguir tem características gerais que qualquer empresa pode utilizar para que a alta gerência chegue a um consenso.

O termo "4 x 4" não quer dizer que pegaremos um grande pedaço de pau para bater na cabeça das pessoas. Ele é um processo de oito dias, dividido em duas partes lógicas. Os primeiros quatro dias são usados para dar uma visão profunda e geral das relações de causa e efeito dentro da cadeia de suprimentos e chegar a uma linguagem comum, para assim reforçar o novo sistema de referência discutido aqui. Os últimos quatro dias formam a estratégia detalhada, com foco na restrição e nas idéias de como superá-la, interligadas de forma lógica e seqüencial.

Entender quais são os principais conflitos que antes restringiam a empresa e o que é preciso fazer para superá-los é um elemento fundamental para chegar a um consenso na equipe executiva. Por exemplo, analisemos o seguinte caso de um grande distribuidor internacional:

> Na equipe executiva desse distribuidor havia um antigo conflito que polarizava dois pontos de vista. Segundo a área de *marketing*, a empresa deveria ser um fornecedor exclusivo de produtos de comunicação sem fio. Seu estoque já era composto de mais de 16 mil itens, e outros 10 mil podiam ser fornecidos sob encomenda.
>
> Nesse ambiente há sempre clientes que pedem exatamente aquilo que não está em estoque. Caso não possa fornecer sequer um único item entre os cem solicitados pelo cliente, é altamente provável que você perderá não só a venda toda, mas também qualquer negócio futuro com esse cliente. Sob tais circunstâncias, não é de admirar que o diretor de vendas estivesse continuamente pressionando para que a empresa oferecesse grande diversidade, estocando mais e mais produtos para atender a quaisquer necessidades dos clientes.
>
> Se por um lado a diversidade oferece uma série de benefícios, por outro lado ela provoca inúmeros efeitos indesejáveis. Cria um gargalo de *marketing* em termos de demanda contínua de novos programas de *marketing*. Além disso, gera um enorme volume de transações para o departamento de compras, que fica sob pressão constante para estabelecer novas relações com fornecedores e encomendar itens diferentes. O desafio para o pessoal da logística também não é pequeno, e eles precisam decidir onde armazenar os itens, que quantidades estocar e quando fazer novos pedidos de cada item.

---

[3] Você encontra mais detalhes a respeito desse processo no livro de Gerald I. Kendall, *Advanced Project Portfolio Management and the PMO*, J. Ross Publishing, Boca Raton, FL, 2003, Seção II, sobre estratégia.

Se cada membro da equipe gerencial tentar empurrar o seu lado do conflito para cima do restante da equipe, então se pode dizer adeus ao consenso e à implementação de uma estratégia duradoura.

Para superar esses obstáculos, nos primeiros quatro dias a equipe precisa aprender as relações de causa e efeito existentes ao longo da cadeia de suprimentos. As ferramentas que ajudam a conduzir esse processo são o Programa de Auto-Aprendizagem da Teoria das Restrições (uma série de oito apresentações de duas horas e meia cada, abrangendo os problemas gerais encontrados em uma cadeia de suprimentos) e *Insights* à Teoria das Restrições (quatro produtos de auto-aprendizagem completos nas áreas de operações, finanças e medidores, engenharia e gestão de projetos e distribuição), apresentadas na Bibliografia.

Quando se adotam bons materiais de suporte e se aplicam seus ensinamentos ao ambiente, esse processo estimula os executivos a pensar de modo diferente a respeito do que é preciso fazer para melhorar a empresa e a avaliar as conseqüências que suas idéias geram muito além das fronteiras de seu próprio "silo".

O Processo 4 x 4: Os Últimos Quatro Dias – Desenvolvendo uma Estratégia Detalhada

Uma boa estratégia precisa:

- Ter uma Visão Viável.
- Identificar e dar atenção à restrição da empresa.
- Lançar as bases adequadas para um crescimento de longo prazo. Isso inclui estabilizar a logística para as áreas de operações, distribuição e gestão de projeto e ao mesmo tempo implantar um novo sistema de referência.
- Conseguir que a alta administração da empresa considere a implementação da estratégia sua "cria" e, conseqüentemente, sua prioridade número 1.

Para atender a essas necessidades, a segunda parte do processo 4 x 4 leva os executivos a detalhar como implementar a Visão Viável. Os detalhes devem incluir as idéias necessárias para superar os inúmeros conflitos que impedem a Visão Viável há tanto tempo, conflitos como aqueles descritos no exemplo de distribuição supracitado.

Primeiramente, cada membro da equipe executiva faz um registro de tudo o que o está impedindo de implementar a sua parte da Visão Viável. Então, todos trabalham em grupo para descobrir uma maneira de superar esses obstáculos, muitos deles alimentados por conflitos com outras áreas funcionais. Isso já é razão suficiente para um forte compromisso com a estratégia. Se eles conseguirem identificar uma maneira de gerar um rápido crescimento e estabilidade para a empresa, eles têm mais uma boa razão para levar adiante o seu compromisso.

A equipe reúne todas as idéias necessárias para implementar com êxito a Visão Viável. Estas são então transformadas em um plano de projeto de alto nível. A equipe agora deve nomear um gerente de projeto para levar a iniciativa até o fim.

Seus Próximos Passos

Para alguns, a jornada na construção de um processo de aperfeiçoamento permanente pode estar apenas começando. Pode ser que você esteja se perguntando onde começar ou como desenvolver mais o seu conhecimento desses processos de modo a facilitar a aplicação do novo sistema de referência. Ao longo dos últimos vinte anos, mais de trinta livros foram publicados a respeito da Teoria das Restrições. Eles foram complementados com programas de auto-aprendizagem, artigos, vídeos, simulações e inúmeras outras ferramentas que ajudam a ampliar cada vez mais o conhecimento sobre o assunto. Consulte a Bibliografia e veja as opções ali enumeradas.

Espero que este livro tenha contribuído para aumentar o seu conhecimento, fazendo-o vivenciar uma mudança de paradigma dentro da sua mente e do seu coração. Esse é o primeiro passo fundamental rumo a uma melhor qualidade de vida para você e para os que o rodeiam.

Resumo

As empresas sempre têm soluções, mas muitas vezes não reconhecem as restrições. Por isso muitas delas ficam andando em círculos, resolvendo os problemas errados, sem ter nenhuma alavancagem sobre seus parcos recursos. Para superar essa prática tão arraigada, comece oferecendo a toda a equipe executiva um profundo entendimento das relações de causa e efeito ao longo da cadeia de suprimentos. Dedique um tempo para identificar a Visão Viável que irá alavancar os preciosos recursos de sua empresa. Depois, faça a alta gerência reconhecer qual é a restrição da empresa e chegar a um consenso quanto à maneira de superá-la.

É muito mais divertido e interessante para a equipe executiva gerar um crescimento exponencial com a Visão Viável do que aquilo que muitas empresas estão fazendo atualmente, ou seja, trabalhando com uma visão impossível ou sem visão nenhuma. Quando se canaliza, potencializa e libera a energia associada à Visão Viável, toda a equipe se transforma. As atitudes deixam de ser "Não tem como fazer isso" e passam a ser "Nada pode nos impedir de fazer isso". Essa transformação da equipe, juntamente com uma melhor qualidade de vida, é o sucesso que você deseja para si e para a sua empresa.

Deixo aqui meu convite para compartilhar conosco suas experiências e dúvidas. Ficaria muito grato em receber seu *feedback*. O que mais o ajudou a implantar estratégias de sucesso? De que outro tipo de ajuda você precisa? Que outros assuntos você gostaria que fossem discutidos? Envie um *e-mail* para Gerryikendall@cs.com.

Apêndice A:
Exemplos Financeiros de Visão Viável

Os três exemplos apresentados a seguir são reais. Eles indicam onde estão os pontos de alavancagem para aumentar os lucros. A maioria das empresas operando abaixo de sua capacidade tem uma enorme alavancagem para os lucros. Por exemplo, uma indústria com excesso de capacidade pode com freqüência adicionar lucro diretamente ao seu resultado financeiro, a um custo um pouco maior do que o das matérias-primas contidas em seu produto. Não há aumento nos demais custos indiretos.

As premissas contidas nas planilhas a seguir são conservadoras, relacionadas às melhorias médias obtidas em casos documentados da Teoria das Restrições. Essas tabelas foram fornecidas por Alan Barnard, do Goldratt's Consulting Group. Agradeço a Alan por ter compartilhado essa informação.

Eis os três exemplos:

1. Um exemplo genérico de empresa em qualquer setor
2. A empresa de cabos discutida no Capítulo 1
3. A empresa de irrigação por gotejamento discutida no Apêndice B

Desafio Visão Viável – Companhia Genérica XYZ

Qual o % de Aumento Anual em Vendas, Custos e Investimentos Necessário para Atingir, em Quatro Anos, Lucro Igual ao Faturamento Atual?

Descrição		Ano Zero		+ Aumento =		Ano 1		+ Aumento =		Ano 2		+ Aumento =		Ano 3		+ Aumento =		Ano 4		Crescimento Total em 4 Anos
		Valor ($ milhões)	% das Vendas	Qtd.	Preço	Valor ($ milhões)	% das Vendas	Qtd.	Preço	Valor ($ milhões)	% das Vendas	Qtd.	Preço	Valor ($ milhões)	% das Vendas	Qtd.	Preço	Valor ($ milhões)	% das Vendas	
Vendas Líquidas	VL	$1.000	100%	20%	5%	$1.260	100%	20%	5%	$1.588	100%	20%	5%	$2.000	100%	15%	5%	$2.415	100%	142%
Custo Variável	CV	$400	40%	20%	0%	$480	38%	20%	0%	$576	36%	20%	-5%	$657	33%	15%	0%	$755	31%	89%
Ganho	G	$600	60%		30%	$780	62%		30%	$1.012	64%		33%	$1.344	67%		24%	$1.660	69%	177%
Despesas Operacionais	DO	$500	50%		5%	$525	42%		10%	$578	36%		5%	$606	30%		10%	$667	28%	33%
Lucro Líquido	LL	$100	10%		155%	$255	20%		70%	$434	27%		70%	$737	37%		35%	$993	41%	893%
Estoques	E	$250	25%		-20%	$200	16%		0%	$200	13%		10%	$220	11%		10%	$242	10%	-3%
Ativo	A	$250	25%		0%	$250	20%		5%	$263	17%		0%	$263	13%		5%	$276	11%	10%
Investimento Total	I	$500	50%		-10%	$450	36%		3%	$463	29%		4%	$483	27%		7%	$518	21%	4%
Retorno sobre Investimento	RSI		20%				57%				94%				153%				192%	859%

Nota: O aumento em vendas pode vir tanto de um aumento em volume E/OU de um aumento de PREÇO. Lembre-se de que, quando os preços de venda sobem, os custos variáveis não necessariamente os acompanham... Isso na verdade produz um ponto de alavancagem para aumentar o LL e o RSI... Brinque com os números para provar a si próprio...!

Apêndice A: Exemplos Financeiros de Visão Viável   133

Desafio Visão Viável – Empresa de Cabos
Descrita no Capítulo 1

Qual o % de Aumento Anual em Vendas, Custos e Investimentos Necessário para Atingir, em Quatro Anos, Lucro Igual ao Faturamento Atual?

Descrição		Ano Zero		+ Aumento =		Ano 1		+ Aumento =		Ano 2		+ Aumento =		Ano 3		+ Aumento =		Ano 4		Crescimento Total em 4 Anos
		Valor ($ milhões)	% das Vendas	Qtd.	Preço	Valor ($ milhões)	% das Vendas	Qtd.	Preço	Valor ($ milhões)	% das Vendas	Qtd.	Preço	Valor ($ milhões)	% das Vendas	Qtd.	Preço	Valor ($ milhões)	% das Vendas	
Vendas Líquidas	VL	$90	100%	20%	5%	$113	100%	20%	5%	$143	100%	20%	5%	$180	100%	15%	5%	$217	100%	142%
Custo Variável	CV	$35	39%	20%	0%	$42	37%	20%	0%	$50	35%	20%	-5%	$57	32%	15%	0%	$66	30%	89%
Ganho	G	$55	61%	30%		$71	63%	30%		$92	65%	33%		$123	68%	23%		$151	70%	175%
Despesas Operacionais	DO	$50	56%	0%		$50	44%	10%		$55	38%	0%		$55	31%	10%		$61	28%	21%
Lucro Líquido	LL	$5	6%	328%		$21	19%	75%		$37	26%	80%		$68	38%	34%		**$91**	42%	1.716%
Estoques	E	$23	25%	-20%		$18	16%	0%		$10	13%	10%		$20	11%	10%		$22	10%	-3%
Ativo	A	$23	25%	0%		$23	20%	5%		$24	17%	0%		$24	13%	5%		$25	11%	10%
Investimento Total	I	$45	50%	-10%		$41	36%	3%		$42	29%	4%		$43	24%	7%		$47	21%	4%
Retorno sobre Investimento	RSI	11%				53%				90%				156%				195%		1.654%

Nota: O aumento em vendas pode vir tanto de um aumento em volume E/OU de um aumento de PREÇO. Lembre-se de que, quando os preços de venda sobem, os custos variáveis não necessariamente os acompanham... Isso na verdade produz um ponto de alavancagem para aumentar o LL e o RSI... Brinque com os números para provar para si próprio...!

Desafio Visão Viável – Empresa de Irrigação por Gotejamento Descrita no Apêndice B

Qual o % de Aumento Anual em Vendas, Custos e Investimentos Necessário para Atingir, em Quatro Anos, Lucro Igual ao Faturamento Atual?

Descrição		Ano Zero		+ Aumento =		Ano 1		+ Aumento =		Ano 2		+ Aumento =		Ano 3		+ Aumento =		Ano 4		Crescimento Total em 4 Anos
		Valor ($ milhões)	% das Vendas	Qtd.	Preço	Valor ($ milhões)	% das Vendas	Qtd.	Preço	Valor ($ milhões)	% das Vendas	Qtd.	Preço	Valor ($ milhões)	% das Vendas	Qtd.	Preço	Valor ($ milhões)	% das Vendas	
Vendas Líquidas	VL	$250	100%	30%	10%	$358	100%	30%	10%	$511	100%	30%	10%	$731	100%	30%	10%	$1.045	100%	318%
Custo Variável	CV	$100	40%	30%	0%	$130	36%	30%	0%	$169	33%	30%	-5%	$209	29%	30%	0%	$271	26%	171%
Ganho	G	$150	60%		52%	$228	64%		50%	$342	67%		53%	$522	71%		48%	$774	74%	416%
Despesas Operacionais	DO	$130	52%		0%	$130	36%		5%	$137	27%		10%	$150	21%		10%	$165	16%	27%
Lucro Líquido	LL	$20	8%		388%	$98	27%		111%	$206	40%		81%	$372	51%		64%	$609	58%	2.945%
Estoques	E	$63	25%	-20%	0%	$50	14%	0%	0%	$50	10%	10%	0%	$55	8%	10%	0%	$61	6%	-3%
Ativo	A	$63	25%	0%	0%	$63	17%	5%	0%	$66	13%	0%	0%	$66	9%	5%	0%	$69	7%	10%
Investimento Total	I	$125	50%	-10%		$113	31%	3%		$116	23%	4%		$121	17%	7%		$129	12%	4%
Retorno sobre Investimento	RSI	16%				87%				178%				309%				471%		2.841%

Nota: O aumento em vendas pode vir tanto de um aumento em volume E/OU de um aumento de PREÇO. Lembre-se de que, quando os preços de venda sobem, os custos variáveis não necessariamente os acompanham... Isso na verdade produz um ponto de alavancagem para aumentar o LL e o RSI... Brinque com os números para provar a si próprio...!

Apêndice B:
Mais Exemplos de Visão Viável

Uma Empresa de Distribuição

Uma empresa de distribuição nos EUA valendo US$ 300 milhões tinha uma posição invejável, construída ao longo de vinte anos. Em sua lista de clientes constavam milhares de empresas privadas e estatais. As indústrias por ela representadas eram a nata do setor das comunicações. No entanto ainda que sua participação de mercado estivesse abaixo dos 20%, a empresa estava estagnada.

Essa empresa de distribuição, que possui milhares de produtos em estoque, decidiu incrementar seus negócios ao tentar ser o fornecedor exclusivo para todas as necessidades de seus clientes. Nesse ramo, os produtos mudam rapidamente. Vários artigos têm vida útil de nove meses ou menos, de modo que não é nada prático para o distribuidor manter estoque de cada item do fabricante para o mesmo tipo de produto. Em resumo, há tantos produtos iguais que o distribuidor precisaria de um espaço de depósito dez vezes maior, sem um giro de estoque que o justificasse. Muitos desses produtos os clientes só compram uma única vez.

Nesse ambiente não raro os clientes telefonam pedindo artigos que não estão em estoque. Mesmo que o distribuidor tenha um produto similar, há vários motivos para que os clientes não possam ou não queiram aceitar um substituto. Do ponto de vista do diretor de vendas, hoje em dia, quando não se tem o produto certo em estoque, há uma boa possibilidade de se perder toda a venda e também os negócios futuros. Além disso, uma vez que o ciclo de vida para muitos desses produtos é de seis a doze meses, pode-se perder uma grande oportunidade ao deixar de acrescentar rapidamente alguns desses novos produtos. Na verdade, mais de 20% de todos os pedidos estavam sendo despachados para o cliente com pelo menos um item faltando. Na visão do CEO, isso significava uma porção de clientes insatisfeitos.

Ao mesmo tempo em que esse esforço pela diversidade de produtos traz benefícios para o consumidor, ele também acarreta muitos efeitos indesejáveis. Enquanto a área de vendas e os executivos mais graduados pressionam em favor da diversidade, isso gera um gargalo na área de *marketing*, devido à constante demanda por novos programas. Gera-se um enorme volume de transações para o departamento de compras, tanto pela necessidade de estabelecer novos contatos com fornecedores e novos contratos, como também pelo aumento de papelada que isso significa. Para o pessoal técnico e de apoio, que auxilia os clientes a integrar esses produtos, é um pesadelo permanente manter-se atualizado. E o trabalho do centro de distribuição torna-se cada vez mais exigente, ao tentar encontrar espaço para todos esses novos produtos. Além disso, não nos esqueçamos do pessoal do setor financeiro, que precisa estar sempre colocando mais dinheiro em estoques de fornecedores e produtos que não apresentam um histórico de grande êxito.

Podia-se testemunhar diariamente o conflito central dessa empresa: a luta entre ser seletivo ou diversificado quanto aos produtos em estoque. Os gerentes oscilavam entre um lado e outro desse conflito. Às vezes, o setor de compras "vencia". Outras vezes "vencia" o setor de estoque, apoiado pelo departamento de compras e pela área financeira. Entretanto, a primeira e a última linha do balanço da empresa revelavam a verdadeira história. Todos estavam perdendo.

Já que a empresa em questão possui excesso de capacidade – com inúmeros produtos em estoque sem uma saída adequada – e participação de mercado muito pequena, a Visão Viável começa em duas áreas:

1. ***Software* de logística de distribuição:** Com um sistema puxado, para assegurar uma rápida reação a mudanças na demanda do mercado e ajudar a armazenar os estoques *corretos* com menos Estoques $ Dias. Ao simultaneamente reduzir os estoques e aumentar o ganho, o sistema cria a base de apoio para as ofertas ao mercado. Note que, sendo um distribuidor, essa empresa pode utilizar o *software* para comunicar-se com seus atacadistas e lojistas, assim como com alguns de seus grandes fabricantes. Pedidos automáticos de compras podem ser feitos no tempo certo para o distribuidor e deste para o fabricante, reduzindo drasticamente o *lead time* total de reposição do produto, como descrito no Capítulo 7.

2. **Ofertas ao mercado:** Note que, no caso desse distribuidor, a Visão Viável admite não existir um mercado uniforme. Ao contrário, existem três mercados distintos, em que ofertas específicas têm enorme importância para seus clientes potenciais:

    - **Os 1000 melhores clientes regulares:** Geralmente os compradores dos produtos desse distribuidor eram os departamentos de TI. Os produtos eram utilizados para construir novas redes, substituir peças quebradas, prover serviços sem fio (*modems*, telefones celulares) aos usuários, etc. Os compradores estavam sempre reclamando da demora, mesmo que levasse apenas um ou dois dias para que o produto fosse entregue. A resposta a esses clientes é ter um estoque de produtos na região do cliente. O estoque permanece propriedade do distribuidor até que um item seja retirado, quando este então é imediatamente vendido ao cliente.

Isso confere ao pessoal da TI *status* de heróis, por conseguirem entregar os produtos instantaneamente a seus clientes. Dessa forma, obtém-se uma enorme economia nas despesas de transporte, independentemente de quem as esteja pagando. Esse sistema também diminui a carga de trabalho do distribuidor, que precisa fazer menos remessas para a reposição dos estoques.

- **Clientes de projetos:** Muitos clientes utilizam os produtos desse distribuidor em projetos. Por exemplo, alguns deles constroem enormes torres de comunicação e o distribuidor em questão fornece todas as peças necessárias. Outros clientes estão construindo grandes redes de comunicação. A oferta para esses clientes é igual àquela descrita no Capítulo 1. Eles têm o direito de mudar de idéia até praticamente o último minuto, com tempos de entrega muito curtos e a garantia de que o distribuidor pagará multa caso haja prejuízo ao projeto devido a atrasos de entrega.
- **Revendedores:** Ao utilizar a nova logística de distribuição, os revendedores têm a oportunidade de reduzir consideravelmente seus estoques, ao mesmo tempo em que aumentam seu giro. Com um menor estoque por item, os lojistas podem oferecer uma maior variedade de artigos, aumentando ainda mais as suas vendas.

Esse distribuidor já conta com uma excelente equipe de vendas. O problema é que no passado essa equipe gastava a maior parte de seu tempo empurrando produtos em exposições setoriais e congressos, sem ter uma proposta de valor interessante o suficiente para seus clientes. Com o que a Visão Viável oferece, o esforço de vendas é direcionado para aqueles clientes em que o valor é mais significativo.

Ao implementar essas ofertas com a nova logística, o distribuidor gera uma oferta incrível para as indústrias que representa. Elas conseguem incrementar suas vendas com estoques menores, menos risco de obsolescência e reação mais rápida às mudanças de demanda do mercado.

Por último, é importante mencionar os funcionários que trabalham para o distribuidor. Esse é um negócio de grandes desafios. Nele existe uma combinação de gigantescos volumes de transações, produtos de grande complexidade e mudanças muito rápidas. O distribuidor conta com um excepcional quadro de técnicos, de especialistas em *hardware* e *software*, de pessoal no depósito e no suporte de retaguarda. É muito frustrante trabalhar duro e rápido, todos os dias, e mesmo assim ver a empresa estagnar. Com uma Visão Viável, os empregados ficarão novamente animados com a perspectiva de crescimento rápido, sucesso da empresa e benefícios e oportunidades que disso advêm.

Uma Empresa de Irrigação por Gotejamento

Para muitos fazendeiros a irrigação por gotejamento é um sonho tornado realidade. O rendimento da safra aumenta entre 50% a várias centenas porcentuais. Ao mesmo tempo, a quantidade de água necessária diminui consideravelmente. Esse sistema de irrigação foi utilizado pela primeira vez em 1965 e aperfeiçoado pelos israelenses antes de chegar ao mercado. Israel buscava uma forma econômica e prática de fazer as culturas vingarem no deserto e em áreas com pouca disponibilidade de água.

Poder-se-ia imaginar que uma empresa com um produto desses não precisa de uma Visão Viável, que ela poderia facilmente conquistar o mundo. Entretanto, esse ramo de indústria tornou-se palco de uma competição acirrada, a ponto de um dos fabricantes originais quase ir à falência. O problema é que esse sistema exige um grande investimento de capital. Apesar de o retorno sobre o investimento muitas vezes ser inferior a três anos – por vezes até mesmo a um ano –, o risco é enorme.

Os fazendeiros nunca conseguem prever de onde virá o próximo desastre. É possível que ele venha de pragas ou do clima, ou – no caso de alguns países – por causa de guerras, ou, pior ainda, em razão de mudanças nas políticas governamentais. Pode-se imaginar a reação de um banqueiro quando um fazendeiro lhe pede um empréstimo para instalar um sistema de irrigação. "Claro, senhor, nós sabemos que o senhor pode teoricamente aumentar seus lucros por conta de um maior rendimento. Mas e se o sistema não funcionar tão bem? E se a safra for destruída por uma praga no próximo ano? E se...? E se...? E se...?".

Não é de admirar que essa invenção maravilhosa – a irrigação por gotejamento – tenha pouca penetração no mercado. Nessa circunstância, a chave para a implementação de uma Visão Viável é oferecer ao fazendeiro financiamentos de baixo risco. A pergunta que precisa ser respondida é a seguinte: que tipo de empresa administra de forma eficiente o risco, não individualmente, mas coletivamente?". A resposta óbvia é a companhia de seguros.

A Visão Viável, nesse caso, está relacionada com a questão de haver uma companhia de seguros que assuma o risco no lugar da instituição financeira. A empresa de irrigação, a instituição financeira e a companhia de seguros recebem seus pagamentos do fazendeiro com base no aumento do rendimento da safra. Para o fazendeiro, não há risco nem um grande desembolso à vista em dinheiro. Para cada um desses parceiros, o pagamento é muito maior do aquele que cada empresa teria recebido se não houvesse essa oferta ao mercado. O aumento no rendimento da safra dá ao fabricante, em média, margens muito mais altas do que as que teria recebido com uma venda direta. O retorno no prêmio da companhia de seguros é muito mais alto. O banco é muito bem remunerado.

Com essa oferta, a empresa de irrigação por gotejamento tem chances reais de superar em muito as premissas iniciais da Visão Viável. Seus lucros líquidos poderiam facilmente superar o faturamento atual em menos de quatro anos, tornando-a uma empresa de milhões de dólares.

Hospital

Embora toda a discussão sobre a Visão Viável esteja centrada nos negócios, o mesmo conceito pode facilmente ser aplicado a empresas sem fins lucrativos. Neste exemplo real, o alvo de melhorias é o sistema britânico de saúde[1]. Em um ambiente sem fins lucrativos, a Visão Viável pode ser expressa em termos de unidades de objetivos, em vez de dólares. No caso de um hospital, o número de pacientes tratados com êxito (na emergência, nas salas de cirurgia, ou pelo número de dias de internação) é um medidor importante. Outro importante medidor que acompanha o primeiro é o tempo de ciclo (quantas horas ou dias) necessário para completar o tratamento.

Um sinal de que havia problemas no sistema britânico de saúde foi o aumento de 30% no orçamento em três anos, enquanto que o número de pacientes atendidos cresceu em menos de 4%.

A restrição estava dentro do sistema, onde era evidente a pressão pelo aumento da capacidade. Por exemplo, os pacientes da emergência esperavam até doze horas dentro da ambulância ou em macas antes de serem examinados. A fila de espera para cirurgias eletivas se estendia de nove a dezoito meses.

Nesse caso, alcançou-se a Visão Viável utilizando parte da solução de logística de operações descrita no Capítulo 6. A idéia básica do gerenciamento de pulmão, quando aplicada a hospitais, era fixar uma meta e monitorá-la, registrando os motivos do consumo do pulmão. Por exemplo, a meta nacional para tratamento em salas de emergência é de quatro horas, desde a hora de chegada até a saída ou a internação no hospital.

Quando o processo de gerenciamento de pulmão começou, somente 70% dos 1.200 pacientes atendidos semanalmente no Radcliff Hospital eram tratados dentro do prazo estabelecido pela meta de quatro horas. Em três meses, mais de 90% de um número muito maior de pacientes – mais precisamente, 1.400 pacientes – eram atendidos no prazo estipulado de quatro horas. Pouco depois, o hospital alcançou, e vem mantendo desde então, o atendimento estipulado de quatro horas em mais de 95% dos casos. Um outro hospital que implantou a mesma solução obteve resultados tão bons que conseguiu reduzir para três horas o seu tempo-alvo e o vem mantendo há vários meses em 100% dos atendimentos.

Quando a mesma abordagem foi aplicada a internações em centros de tratamento intensivo, a média por paciente caiu de mais de quarenta dias para cerca de doze dias. Levando em conta o custo diário efetivo de centenas de dólares por leito, essa melhoria teve um efeito drástico no orçamento do hospital e ao mesmo tempo na lista de espera por cirurgias.

O princípio do gerenciamento do pulmão em um hospital é monitorar os motivos pelos quais os serviços não estão sendo executados dentro do tempo-alvo. Os motivos são examinados semanalmente por uma equipe multidisciplinar, em reunião de

---

[1] Consulte www.toc-goldratt.com, banco de referência sobre Radcliff Infirmary. A informação ali contida foi acrescida de uma apresentação do Oxford Radcliffe Group (grupo de hospitais) na TOC Upgrade Conference em Cambridge, Reino Unido, em 2003.

no máximo uma hora. Todas as semanas o grupo seleciona, com base no Princípio de Pareto, o motivo mais freqüente para os atrasos, analisa as causas que os originaram, encontra uma solução e a implementa.

Não necessitando contratar mais pessoal, comprar mais equipamentos ou fazer investimentos de capital, a equipe do hospital transformou uma situação de quase falência em um sucesso altamente visível. O hospital passou da condição de um dos cinco piores hospitais do Reino Unido, em termos de desempenho, a um dos dois melhores hospitais do país.

Apêndice C:
Outros Miniexemplos

Esses são apenas alguns dos inúmeros exemplos contidos nas referências do Apêndice D. *Não* são histórias de Visão Viável. São histórias sobre empresas que adotaram uma característica da Visão Viável, aplicaram-na e obtiveram resultados fantásticos. Pode-se perfeitamente imaginar o que elas teriam alcançado se tivessem aplicado a Visão Viável em sua totalidade.

Marketing

Fabricante de Móveis[1]

Como vimos no Capítulo 5, a pergunta que permite à sua empresa destacar-se entre as concorrentes, tanto para seus clientes atuais quanto para seus clientes em potencial, é: que problemas nós temos que ninguém de nosso setor está solucionando? Em outras palavras, o *marketing* precisa descobrir quais problemas a empresa pode solucionar dentro de seu ramo que nenhum outro concorrente ainda resolveu. Para isso, alguém da área de *marketing* precisa ter acesso à gerência de clientes e descobrir tudo sobre o negócio deles.

Por exemplo, o presidente de um fabricante de móveis convidou clientes em potencial e perguntou-lhes o que tornava tão difícil administrar uma loja de móveis. Ele escutou os seguintes comentários: "Veja só esse enorme estoque dentro da loja. A maior parte dele está aí há seis meses ou mais, e estou pagando juros altíssimos ao banco para financiá-lo. Ao mesmo tempo, tenho clientes que entram na loja e só encontram parte da sala de estar ou do dormitório que procuram, ou a cor que desejam está em falta".

O presidente de um fabricante de móveis perguntou ao dono da loja por que este mantinha tanto estoque. O lojista, olhando para o presidente como se este fosse um

---

[1] O estudo de caso completo é apresentado em *Securing the Future*, mencionado na Bibliografia.

maluco, respondeu: "Você está brincando? São vocês que obrigam a nós do varejo de móveis a manter um estoque tão alto!".

"Como assim?", retrucou o presidente.

"Em primeiro lugar, vocês levam de oito a doze semanas para atender a um pedido. Já que não temos previsão exata do que os consumidores vão querer comprar, temos que manter altos estoques que durem no mínimo vários meses, para dar conta das mudanças na demanda. Em segundo lugar, se não comprarmos grandes quantidades, não ganharemos um desconto decente e então não poderemos concorrer com as lojas de móveis instaladas na mesma rua. E, por último, se não comprarmos no mínimo um caminhão cheio de móveis, nos liquidam com as tarifas de frete."

Com essa informação, ficou claro de que modo o fabricante de móveis poderia fazer uma oferta atraente e vencer a concorrência. Ele lançou um programa de *marketing* com logística de transporte que oferecia aos novos lojistas quatro vantagens principais:

1. Não haveria pedidos mínimos.
2. Não haveria multas de frete.
3. Os descontos por volume seriam baseados no tempo, e não em cada pedido.
4. Seria dada garantia de reposição de estoque a cada duas semanas, sendo o fabricante, e não a transportadora, o responsável por organizar o esquema de transporte.

Com tais promessas, os lojistas podiam satisfazer a mais clientes com menor quantidade de mercadoria na loja e reduzir consideravelmente seus custos de manutenção de estoque. As vendas aumentaram, já que havia menos artigos em falta. Ademais, os lojistas podiam reagir mais rapidamente às mudanças no gosto dos clientes, fazendo o estoque girar com mais rapidez, além de oferecer uma maior variedade de mercadorias. Como efeito colateral para os lojistas, o tempo gasto para configurar os pedidos caiu sensivelmente. Em grande parte, eles estavam em um sistema de reposição de estoques, repondo aquilo que haviam vendido nas duas semanas anteriores.

Os resultados variaram de aumentos de 20 a 200% em termos de vendas por lojista. Nas primeiras semanas depois de fazer a oferta, o fabricante tinha uma lista com mais de 30 novos lojistas ansiosos para assinar contrato de fornecimento. Os estoques dentro da cadeia de suprimentos caíram em 30%, e aumentou o nível de atendimento aos consumidores finais.

Observe que as implicações para a gestão de projetos são consideráveis. O fabricante de móveis não precisou usar enormes pacotes de dados, análises e relatórios complexos. Também não precisou fazer propaganda para angariar novos clientes lojistas. E não teve de fazer complexas análises de vendas para elaborar diferentes estruturas de descontos para os seus diversos distribuidores.

Fabricante de Vidros

O presidente de uma empresa que fabrica e fornece vidros lapidados à indústria moveleira reuniu seus clientes e perguntou-lhes o que tornava difícil administrar suas empresas. Ele ouviu os seguintes comentários: "Você está vendo todo esse vidro quebrado espalhado pelo chão? Grande parte é por causa do manuseio necessário de cada remessa dos fabricantes. Os fabricantes embalam os vidros em massa, normalmente por tamanho. Temos que tirá-los das embalagens e classificá-los na seqüência em que eles serão usados no plano semanal de montagem". Ele ainda acrescentou que isso demandava muito tempo e trabalho humano diários, sendo que às vezes atrasava o programa de produção.

O presidente da empresa fabricante de vidros perguntou a um dos diretores de um fabricante de móveis por que as quebras representavam um problema. Afinal de contas, ele sabia que sua empresa substituía o vidro quebrado a preço de custo e que esse custo era bem pequeno. O fabricante de móveis então respondeu: "O seu prazo de entrega padrão é de quatro a seis semanas. Portanto, temos que planejar o que iremos produzir com oito a doze semanas de antecipação. Em segundo lugar, quando há quebra, vocês levam mais seis a oito semanas para remeter o vidro de reposição. Assim, cada vidro de US$ 5,00 quebrado atrasa a produção de um conjunto de dormitório ou de sala de estar por oito semanas!".

Diante dessa informação, o fabricante de vidros apresentou uma atraente oferta de comercialização e venceu a concorrência. Ele mandou que se desenvolvesse um programa de computador que lhe informasse a agenda de produção do fabricante de móveis no dia anterior à remessa dos vidros. Posteriormente, ele lançou um programa de comercialização com logística de transporte e pedidos transmitidos via computador que oferecia aos fabricantes de móveis três grandes vantagens:

- Remessa de todos os pedidos de vidros, na seqüência em que seriam utilizados na produção dos móveis, dentro de três semanas da data do pedido.
- Embalagens exclusivas e sob medida, para reduzir as quebras.
- Garantia de reposição do vidro quebrado dentro de um dia útil, sem tarifas de frete absurdas.

Agora, o fabricante de móveis podia cumprir seu plano de produção semanal e economizar aquelas horas que antes gastava na classificação do vidro para colocá-lo na seqüência de produção. Com *lead times* menores e sem ter de aguardar semanas para repor o vidro, as vendas do fabricante de móveis aumentariam. Além disso, ele poderia reagir mais rapidamente às mudanças de preferência do consumidor, estruturando seu plano de produção para entregas mais rápidas. Essa oferta, junto com uma melhor logística de produção, fez com que a empresa saísse do prejuízo e passasse a obter um lucro excelente. Ao ser comprada por um concorrente, a empresa dobrou de valor em um período de dezoito meses. Outra vantagem, segundo o proprietário, foi a redução pela metade da rotatividade de funcionários, em conseqüência desses novos processos.

Esse tipo de oferta, quando bem estruturada, como no caso apresentado, é boa demais para ser recusada. Lembre sempre que ninguém mais no setor está solucionando esses problemas. Na maioria dos casos que analisamos, as empresas que implementam essas ofertas não estão alterando seus produtos. E também não estão mexendo nos preços. Ao contrário, estão mudando suas políticas, políticas essas que se tornaram arraigadas em seus setores específicos. E são justamente tais políticas que levam os clientes à loucura.

Operações

Fabricante de Camisetas[2]

A empresa, localizada no sul da Flórida, importa da Ásia camisetas lisas e depois as estampa ou borda conforme as diversas franquias negociadas com equipes esportivas. Entre seus clientes estão grandes empresas, a exemplo da Wal-Mart. Isso exige remessas semanais, específicas para cada loja, com base no que foi vendido na semana anterior.

A empresa mantinha altos níveis de estoque em processo. Os pedidos eram liberados para a fábrica sem levar em conta a sua capacidade nem identificar onde havia gargalos de produção. A empresa também estocava milhões de camisetas em depósitos em torno da unidade fabril. O produto transitava dentro da fábrica em grandes lotes, desde a fase de preparação, passando pelo setor de impressão, pelo processo de colocação de etiquetas de preço de cada loja, até o setor de embalagem e finalmente o despacho.

A média de *lead time* de um pedido girava em torno de duas semanas, mas todas as semanas várias remessas urgentes passavam na frente de pedidos normais. A empresa também estava recusando pedidos devido a problemas de capacidade.

Quando a empresa implantou a abordagem de logística de produção Tambor-Pulmão-Corda, eles elegeram o departamento de artes gráficas como o Tambor. Aparentemente era ali que ficava o gargalo na maior parte das vezes, já que todas as semanas eram lançadas camisetas com novas figuras baseadas em quem havia vencido os jogos de futebol, beisebol ou basquete na semana anterior. Com o novo paradigma, os pedidos eram liberados para produção de acordo com a capacidade desse setor.

Outra parte da solução foi cortar pela metade o tamanho dos lotes. Imediatamente o *lead time* caiu pela metade. O estoque em processo começou a desafogar. As programações ficaram muito mais previsíveis, e as emergências, melhor administráveis. Para uma empresa de vinte milhões de dólares, o novo processo colocou um milhão de dólares de volta nas mãos do dono, somente pelo fato de reduzir estoques.

---

[2] Esse caso é praticamente idêntico a outro, apresentado por William Law, consultor da Teoria das Restrições em Hong Kong, sobre a Global One Headwear Manufactory. Law fez um vídeo muito interessante, com várias entrevistas na empresa do cliente descrevendo a implementação da logística de operações e da gestão de projetos com corrente crítica. Veja o Apêndice D para mais informações.

Uma Linha de Montagem

A maioria das pessoas acha que uma linha de montagem é algo perfeito e bem equilibrado. Quando ela funciona, tudo flui na mesma velocidade e sem problemas. No entanto, se alguma das partes quebra, todas as outras ficam paradas.

Na indústria automobilística, a solução de logística de operações foi utilizada para melhorar significativamente o fluxo das linhas de montagem. É preciso identificar a operação que causa restrição, mais precisamente aquela que influencia o fluxo mais do que qualquer outra parte da linha de montagem. Esse conceito parece ir contra a intuição, já que a maioria das pessoas acha que todas as partes trabalham na mesma velocidade. Isso é verdade. No entanto, a velocidade é determinada pelo elo mais fraco, que nem sempre é a máquina mais lenta da linha. Talvez seja a máquina que mais sofre panes ou aquela que, quando avariada, permanece o maior tempo parada.

O conceito de pulmão foi aplicado, mas nesse caso construiu-se fisicamente um "pulmão espaço" antes e depois da operação que causa a restrição. Assim, a restrição poderia continuar operando se houvesse qualquer tipo de problema antes ou depois dele. Além disso, a linha de montagem poderia continuar trabalhando mesmo que a área com a restrição ficasse parada.

O valor de centenas de milhares de dólares gasto para construir o "pulmão espaço" foi recuperado em poucas semanas.

Distribuição

Empresa de Produtos Perecíveis da Ásia

Dependendo da época do ano e de como os produtos são armazenados, essa empresa de produtos perecíveis espera que eles permaneçam frescos e próprios para consumo pelo período de quatro a seis semanas. Seus clientes varejistas podem devolver os produtos "que perderam a validade" sem ter de arcar com multas. A empresa perde cerca de 15% de seus artigos por mês, por causa das devoluções. Além disso, ela suspeita de que também esteja perdendo clientes porque alguns lojistas estão vendendo esses produtos que já perderam a validade.

A empresa tem diversas marcas de produtos. O paradigma atual é remeter grandes quantidades de cada produto aos distribuidores e lojistas, mantendo um estoque de cinco semanas no sistema. Ao adotar a solução de logística de distribuição, ficou provado que a empresa podia reduzir os estoques a um mínimo de 25% e cortar o desperdício pela metade, significando uma economia de milhões de dólares por ano. O impacto no mercado – em termos de mais vendas proporcionadas pela oferta de produtos sempre frescos – ainda não foi determinado, mas suspeita-se de que tenha potencial para superar os benefícios da redução de 50% do desperdício.

Um Supermercado em uma Grande Cidade dos EUA

Os consumidores de uma das maiores cidades dos EUA estão sempre com pressa. Quando param para fazer compras nos supermercados dos bairros, eles esperam encontrar tudo de que precisam, com uma boa variedade de produtos para satisfazer às suas preferências. Uma vez que o espaço nessa cidade custa caro, os supermercados são pequenos e costumam ter uma gama limitada de opções.

Nos últimos anos, os consumidores dessa cidade passaram a se interessar por especialidades. Quando tais produtos não estão disponíveis no supermercado, eles são obrigados a recorrer a mais de um estabelecimento. Com base em pesquisas de mercado, esse inconveniente estava começando a custar caro para a empresa em termos de vendas e clientela perdidas.

A fim de implementar a solução de distribuição com grande impacto sobre os clientes, a empresa concentrou seus esforços na implantação de uma logística de reposição de estoques, em conjunto com uma oferta de maior variedade de mercadorias nas prateleiras. Embora a empresa ainda não tenha registrado resultados, a expectativa é de uma redução de 30% nos estoques, um aumento de 25% no número de itens diferentes em sua gama de produtos e um incremento de 40% nas vendas.

Gestão de Projetos

Existem tantas histórias excelentes na área de gestão de projetos, documentadas e de domínio público[3], que fica muito difícil escolher apenas duas entre tantas. Os dois casos a seguir me vêm à mente simplesmente porque ilustram o enorme prejuízo que pode resultar de uma abordagem do tipo "silo".

Fabricante de Ferragens: Projeto de Engenharia

Essa empresa canadense estava lutando para conseguir lançar novos produtos. Apesar de contar com uma equipe de cerca de quinze engenheiros altamente qualificados, ela estava lançando apenas uma meia dúzia de produtos novos por ano, a maioria dos quais levava mais de um ano para sair da prancheta de desenho e chegar ao estágio de comercialização. Quando visitei a empresa, tudo indicava que o tempo necessário para deixar o produto pronto para comercialização estava ficando cada vez maior e logo chegaria aos dois anos.

A empresa enviara um de seus gerentes de produto a um *workshop* de gestão de projetos por meio de corrente crítica. Ele ficou convencido de que essa abordagem teria um impacto considerável sobre a empresa, mas não conseguia convencer sua diretoria. Ele insistiu durante todo um ano. Já que eu estaria naquela área, ofereci-me para fazer uma visita à empresa e reunir-me durante duas horas com a diretoria, para ajudá-lo a granjear adesão à sua idéia.

---

[3] Veja inúmeros exemplos no Apêndice D.

Lembro-me de ter feito uma simulação com o pessoal, ilustrando os efeitos de se ter muitos projetos em andamento ao mesmo tempo. O diretor de *marketing* disse então que, para ele, a empresa estava se prejudicando exatamente pelos motivos ilustrados. Perguntei então ao grupo quantos projetos estavam em andamento naquele momento. Ao que me respondeu o diretor de engenharia: "Cerca de setenta". O diretor de *marketing* imediatamente contestou dizendo: "Mas isso só na área de projetos em desenvolvimento. Além disso, temos atualmente uns trinta projetos de manutenção".

Eles concordaram unanimemente em que a restrição da empresa estava no setor de engenharia. Perguntei então: "Falando objetivamente, quantos projetos a engenharia tem capacidade de tocar adiante e ainda assim manter uma boa atribuição de múltiplas tarefas?" A resposta do diretor de engenharia foi: "Cerca de quinze". Mas eles tinham cem projetos em andamento, mais de seis vezes a quantidade apropriada! Para ir um pouco mais adiante, perguntei: "Com uma péssima atribuição de múltiplas tarefas resultante do elevado número de projetos em andamento, a empresa está agora chegando perto da marca de dois anos para lançar um novo produto. Sem isso, quanto tempo deveria levar?". A resposta foi "dois meses".

Para cada novo artigo que a empresa produzia, eram gastos quase dois anos de receita mais dois anos de vantagem competitiva. Incrível! O melhor dessa visita de duas horas foi que não precisei lhes mostrar nada disso. Eles chegaram a essas conclusões sozinhos e implementaram a solução pouco tempo depois.

Um Projeto de Engenharia na Ásia

Vários países subdesenvolvidos da Ásia enfrentam constantes faltas de fornecimento de energia. Um dos maiores empregadores de um país onde estive para prestar consultoria tinha uma fábrica impressionante, que produzia milhões de bens de consumo diariamente. Durante o ano em que trabalhei com essa empresa, ela passou por um período em que sua capacidade interna de produção tornou-se sua restrição.

Quando há falta de fornecimento de energia – mesmo que seja por apenas um minuto –, algumas máquinas podem levar até uma hora para voltar a funcionar a pleno vapor. Como alguns dos materiais que passavam pelas máquinas eram cola e papel, havia algumas conseqüências bem desagradáveis devido à falta de luz. Reprogramar máquinas pode significar uma montanha de desperdício e retrabalho.

A empresa descobriu que, instalando alguns geradores de energia que já possuía e os acionando por meio de um interruptor, ela poderia reduzir em 100% a falta de luz durante os horários de pico de produção. Se por alguns minutos faltasse luz nos escritórios, isso não representaria um impacto tão grande sobre a receita ou os lucros, já que a restrição não estava localizada nos escritórios, mas na fábrica.

Para a empresa, a restrição representava um custo de 100 mil dólares diários, ao passo que o custo do interruptor não passava dos 50 mil dólares. Quando explicamos ao pessoal responsável por esse projeto a abordagem da corrente crítica e seu respectivo impacto sobre o ganho e o lucro líquido, ficou claro que tudo o que o diretor de operações da empresa pudesse fazer para agilizar a entrega do interruptor valeria a pena. A empresa tomou medidas para acelerar a corrente crítica agilizando a remessa do interruptor e fazendo contato com o escritório central do fabricante, para descobrir como apressar o projeto.

Minha esposa, Jackie, sugeriu que a empresa oferecesse um prêmio ao fabricante do interruptor em um valor que fosse superior ao do interruptor. Já que a economia representada pela entrega do interruptor antes do prazo era de 100 mil dólares diários, por que não oferecer ao fabricante entre 5 a 10 mil dólares de prêmio por dia? Esse é o tipo de raciocínio que o novo sistema de referência descrito neste livro exige – não apenas do diretor presidente, mas de todos os que trabalham na empresa.

Apêndice D:
As Empresas que Adotaram a Teoria das Restrições de Goldratt

Introdução

Mais de 40 horas de pesquisa foram investidas para elaborar uma lista com mais de 200 referências. Entre as dezenas de milhares de páginas na Internet que mencionam o dr. Eli Goldratt ou aplicações da Teoria das Restrições, encontram-se milhares de nomes de clientes. Os critérios que utilizei para selecionar aqueles que constam desta lista foram os seguintes:

- Preferi que uma história identificasse o nome do cliente.
- Procurei histórias que falassem dos resultados obtidos.
- Sempre que possível, procurei histórias relatadas pelos próprios usuários finais ou que contivessem citações diretas deles.

Existem inúmeros *sites*, em diversos outros idiomas, que contêm histórias diferentes. A presente lista se restringe àqueles em inglês. Embora eu não procurasse acumular novos dados estatísticos sobre a média dos resultados de melhoria obtidos com a Teoria das Restrições, a conclusão a que cheguei foi que os resultados são comparáveis àqueles documentados por uma grande pesquisa realizada por Mabin e Balderstone[1]. Os resultados da aplicação da Teoria das Restrições foram os seguintes:

---

[1] Victoria J. Mabin e Steven J. Balderstone, *The World of the Theory of Constraints*, CRC Press, Boca Raton, FL, 2000.

- Média de redução do *lead time*: 70%
- Média de redução do tempo de ciclo: 65%
- Média de melhoria em nível de serviço: 44%
- Média de redução de estoques: 49%
- Média de aumento de ganho: 63%

Uma vez que o número de empresas que utilizam a Teoria das Restrições está constantemente mudando, incluí uma pequena lista de exemplos neste apêndice. No entanto, você pode fazer o *download* inteiramente gratuito da lista completa e atualizada, em formato de planilha Excel, no *site* www.tocinternational.com.

Apêndice D: As Empresas que Adotaram a Teoria das Restrições de Goldratt

Tabela D-1. Lista de Algumas Empresas que Utilizam a Teoria das Restrições

Nome da Empresa	País	Fonte de Referência	Aplicação	Setor
Expozay International	Austrália	Industrial Mgmt Magazine, May 1994	Gestão de operações	Têxteis
HWI Electrical	Austrália	www.tocca.com	Processo de raciocínio	Distribuição—Pequenos Aparelhos Elétricos
Skye	Austrália	www.tocca.com	Logística de operações	Têxteis
Telwater	Austrália	www.tocca.com	Logística de operações	Indústria—Barcos
TRS	Austrália	www.tocca.com	Gestão de projetos	Refrigeração
BHP Coated Products Division	Austrália, Malásia	Conferência APICS Austrália, 1991	Logística de operações	Aço
Baxter Corporation	Bélgica	Teoria das Restrições e Suas Implicações para a Contabilidade Gerencial	Logística de operações	Assistência médica
Verhaert	Bélgica	www.goldratt.com	Processo de raciocínio	Engenharia – Desenv. de produto
Dana Albarus DSC	Brasil	Atas da APICS Constraint Mgmt 2000	Logística de operações	Indústria automotiva
Alcan Aluminum	Canadá	Conferência APICS sobre Gestão das Restrições, Assegurando o Futuro	Planejamento estratégico	Metais primários
Babcock & Wilcox	Canadá	Gestão Avançada de Carteira de Projetos & PMO	Planejamento estratégico	Nuclear
Butler Metal Group	Canadá	Dissertação – Rik Berry	Processo de raciocínio	Indústria automotiva
Imperial Oil	Canadá	www.goldratt.com	Processo de raciocínio	Petróleo
Novopharm	Canadá	www.chesapeak.com	Distribuição	Indústria farmacêutica
Pratt & Whitney	Canadá	livro *World of TOC*	Logística de operações	Indústria—Aeronaves
Scarborough Public Utilities	Canadá	Assegurando o Futuro	Processo de raciocínio	Água e luz
Global One Headwear Manufactory	China	Vídeo que pode ser obtido via wlaw@tocnet.com	Logística de operações	Têxteis
Scholly Fiberoptic GmbH	Alemanha	www.toc-goldratt.com	Distribuição	Indústria—Sem Fio
Elecon Engineering	Índia	www.toc-goldratt.com	Logística de operações	Produção industrial
Indo Asian Fuesgar Limited	Índia	www.goldratt.com	Logística de operações	Indústria—eletrônica
Larsen and Toubro	Índia	www.realization.com	Gestão de projetos	Engenharia pesada
Copeland	Irlanda	www.goldratt.co.uk	Logística de operações	Indústria—refrigeração

Tabela D-1. Lista de Algumas Empresas que Utilizam a Teoria das Restrições

Nome da Empresa	País	Fonte de Referência	Aplicação	Setor
Glenaden Shirts	Irlanda	www.goldratt.co.uk	Logística de operações	Têxteis
Hampton Conservatories Ltd.	Irlanda	www.toc-goldratt.com	Gestão de projetos	Construção
McDonagh Furniture Ltd.	Irlanda	www.toc-goldratt.com	Logística de operações	Indústria—Móveis
Better Online Solutions	Israel	www.goldratt.com	Gestão de projetos	Alta tecnologia—Software
Dolav	Israel	www.goldratt.com	Processo de raciocínio	Indústria geral
Emblase Semiconductor Ltd.	Israel	www.toc-goldratt.com	Gestão de projetos	Semicondutores
Intel	Israel	www.goldratt.com	Gestão de projetos	Semicondutores
Israeli Air Force	Israel	www.goldratt.com	Processo de raciocínio	Governo—Defesa
Israeli Aircraft Mtce. Division	Israel	Conferência de Atualização em TOC	Gestão de projetos	Manutenção de aeronaves
METEC	Israel	www.goldratt.com	Logística de operações	Indústria geral
Netafim Irrigation Products	Israel	Conferência de Atualização em TOC – Cambridge 2003	Visão viável	Agricultura
Rafael	Israel	www.goldratt.com	Gestão de projetos	Defesa
Seabridge	Israel	www.goldratt.com	Gestão de projetos	Indústria geral
Zoran Corporation	Israel	www.toc-goldratt.com	Gestão de projetos	Semicondutores
Gunze	Japão	www.goldratt.com	Cadeia de suprimentos	Indústria—Têxteis
Japan Research Institute	Japão	www.goldratt.com	Processo de raciocínio	Consultoria
Suntory Group	Japão	www.goldratt.com	Logística de operações	Indústria—Bebidas
Curriculum Development Center	Malásia	www.tocforeducation.com	Planejamento estratégico	Educação
Dirona, S.A.	México	Atas da APICS Constraint Mgmt 2001	Cadeia de suprimentos	Indústria—Automotiva
Grupo Rio	México	www.toc-goldratt.com	Processo de raciocínio	Assistência médica
Varanni de Mexico S.A. de C.V.	México	www.toc-goldratt.com	Planejamento estratégico	Varejo—Calçados
Samsonite Europe	Holanda	Teoria das Restrições e Sua Implicação para a Contabilidade Gerencial	Distribuição	Indústria—Malas
Tim Voor Kantoor	Holanda	www.goldratt.com	Marketing	Varejo—Material de escritório
Habitat for Humanity	Nova Zelândia	www.goldratt.com	Gestão de projetos	Construção

Apêndice D: As Empresas que Adotaram a Teoria das Restrições de Goldratt 153

Tabela D-1. Lista de Algumas Empresas que Utilizam a Teoria das Restrições

Nome da Empresa	País	Fonte de Referência	Aplicação	Setor
Department of Education	Filipinas	www.tocforeducation.com	Processo de raciocínio	Educação
Ministry of Education	Rússia	www.tocforeducation.com	Processo de raciocínio	Educação
Rohm and Haas	Escócia	www.chesapeak.com	Logística de operações	Indústria—Embalagens
African Explosives Limited	África do Sul	www.toc-goldratt.com	Cadeia de suprimentos	Indústria—Construção
Afrox Ltd.	África do Sul	www.toc-goldratt.com	Distribuição	Produtos industriais
Council for Scientific and Industrial Research	África do Sul	www.mpsys.co.za/Downloads/Critical_Chain_Article_Radar_development.pdf	Gestão de projetos	Defesa
Iscor	África do Sul	www.toc-goldratt.com	Gestão de projetos	Metais primários
Media Automotive	África do Sul	Revista Midrange ERP	Processo de raciocínio	Distribuição
Pretoria Academic Hospital	África do Sul	www.toc-goldratt.com	Processo de raciocínio	Assistência médica
Robor Stewarts & Lloyd	África do Sul	www.itweb.co.za/office/cs/0002140907.htm	Distribuição	Aço
SilvaCel	África do Sul	www.goldratt.com	Processo de raciocínio	Papel e celulose
Unilever, Lever Ponds	África do Sul	www.toc-goldratt.com	Planejamento estratégico	Produtos de consumo
Caser	Espanha	www.realization.com	Gestão de projetos	Seguros
Fuchosa	Espanha	www.realization.com	Gestão de projetos	Indústria automotiva
JAE	Espanha	www.realization.com	Gestão de projetos	Automotiva
Vizuete SL	Espanha	www.goldratt.com	Logística de operações	Indústria geral
ABB	Suécia	www.vm-g.com	Logística de operações	Tecnologia de energia
Acreo	Suécia	www.vm-g.com	Gestão de projetos	Indústria—Microeletrônica
Alderman Pounder Nursery School	Reino Unido	www.goldratt.com	Processo de raciocínio	Educação
Alphamet (UK) Limited	Reino Unido	www.goldratt.com	Processo de raciocínio	Corretor de metais
Audus Noble Ltd.	Reino Unido	www.toc-goldratt.com	Logística de operações	Plásticos
Balfour Beatty	Reino Unido	www.criticalchain.co.uk	Gestão de projetos	Engenharia civil
Clowes Group	Reino Unido	www.goldratt.com	Marketing	Gráfica
Garrett Corporation	Reino Unido	www.toc-goldratt.com	Logística de operações	Indústria automotiva

Tabela D-1. Lista de Algumas Empresas que Utilizam a Teoria das Restrições

Nome da Empresa	País	Fonte de Referência	Aplicação	Setor
Oxford Health & Social Care System	Reino Unido	2003 Cambridge TOC Conference	Gestão do pulmão, processo de raciocínio	Assistência médica
Servomex Group Ltd.	Reino Unido	www.toc-goldratt.com	Logística de operações	Indústria eletrônica
Sadesa	Uruguai	www.toc-goldratt.com	Logística de operações	Indústria—Curtimento
Abbott Laboratories	EUA	www.prochain.com	Gestão de projetos	Indústria farmacêutica
Alko Lighting	EUA	Revista Total Quality Mgmt., vol. 3, 1992	Logística de operações	Indústria—Iluminação
Amazon.com	EUA	NY Times, 21.01.2002	Logística de operações	Comércio lojista eletrônico
Antartic Support Associates	EUA	www.goldratt.co.uk	Gestão de projetos	Pesquisa
APN Inc.	EUA	www.toc-goldratt.com	Processo de raciocínio	Indústria de alimentos
AT&T	EUA	www.mcts.com/Theory-of-Constraints.html	Logística de operações	Indústria de comunicações

Bibliografia

Larry Bossidy and Ram Charan, *Execution: The Discipline of Getting Things Done,* Random House, New York, 2002.
Oded Cohen and Domenico Lepore, *Deming and Goldratt,* North River Press, Great Barrington, MA, 1999.
Jim Collins, *Good to Great,* HarperCollins, New York, 2001.
Robert G. Cooper, Scott J. Edgett, and Elko J. Kleinschmidt, *Portfolio Management for New Products,* 2nd ed., Perseus Publishing, Cambridge, MA, 2001.
Thomas Corbett, *Bússola Financeira,* Nobel, São Paulo, 2005.
Stephen R. Covey, *The 7 Habits of Highly Effective People,* Simon & Schuster, New York, 1990.
Stephen R. Covey, *Principle-Centered Leadership,* Simon & Schuster, New York, 1992.
Roger Fisher and William Ury, *Getting to Yes,* 2nd ed., Penguin, New York, 1991.
Eliyahu M. Goldratt, *A Meta,* Nobel, São Paulo, 2003.
Eliyahu M. Goldratt, *The Haystack Syndrome,* North River Press, Great Barrington, MA, 1984.
Eliyahu M. Goldratt, *Não é Sorte,* Nobel, São Paulo, 2004.
Eliyahu M. Goldratt, *Corrente Crítica,* Nobel, São Paulo, 2005.
Eliyahu M. Goldratt, *Necessária, Sim, mas Não Suficiente,* Nobel, São Paulo, 2003.
Eliyahu M. Goldratt, *Necessary and Sufficient Self-Paced Learning* em CD. Para mais informações, veja www.tocinternational.com.
Eliyahu M. Goldratt, *Theory of Constraints Self-Paced Learning Program* em CD. Para mais informações, veja www.tocinternational.com:
- Operations
- Finance and Measurements
- Project Management
- Distribution
- Marketing
- Sales and Buy-in
- Managing People
- Strategy

Eliyahu M. Goldratt e Rami Goldratt, *Teoria das Restrições, Insights em Gerenciamento de Projetos, Finanças e Medidores, Operações e Distribuição*, disponível para download. Para mais informações veja www.tocinternational.com.

Mikel Harry and Richard Schroeder, *Six Sigma*, Doubleday, New York, 2000.

Institute of Management Accountants and Arthur Andersen, *Theory of Constraints (TOC) Management System Fundamentals Statement Number 4HH*, IMA, 1999.

Thomas H. Johnson and Robert S. Kaplan, *Relevance Lost, The Rise and Fall of Management Accounting*, Harvard Business School Press, Boston, 1991.

Gerald I. Kendall, *Securing the Future: Strategies for Exponential Growth Using the Theory of Constraints*, St. Lucie Press, Boca Raton, FL, 1997.

Gerald I. Kendall and Steven C. Rollins, *Advanced Project Portfolio Management and the PMO*, J. Ross Publishing, Boca Raton, FL, 2003.

Harold Kerzner, *Project Management — A System's Approach to Planning, Scheduling and Managing*, 8th ed., John Wiley & Sons, New York, 2003.

Victoria Mabin and Steven Balderstone, *The World of the Theory of Constraints*, St. Lucie Press, Boca Raton, FL, 2000.

Eric Noreen, Debra Smith, and James T. Mackey, *The Theory of Constraints and Its Implications for Management Accounting*, North River Press, Great Barrington, MA, 1995.

Neil Rackham, *Spin Selling*, McGraw-Hill, New York, 1988.

Peter M. Senge, *The Fifth Discipline*, Doubleday, New York, 1994.

Donald J. Wheeler, *Understanding Variation, The Key to Managing Chaos*, 2nd ed., SPC Press, Knoxville, TN, 2000.

Mark J. Woeppel, *Manufacturer's Guide to Implementing the Theory of Constraints*, St. Lucie Press, Boca Raton, FL, 2001.

Índice

4 x 4, 126-128

abordagem silo, 37-39, 42-43, 58, 98, 127-128, 145-146
aço, 57, 62, 65, 67-69, 76, 114
adesão, 80-81, 103-105, 109-111, 113-114, 116, 121-122, 125-126, 146-147
alavancagem, 24-25, 32-33, 38-43, 45, 49-51, 53-54, 72-73, 86-87, 128-129, 131
alocação de custos, 39-41, 46-47, 58, 97, 102-103
Ásia, 23-24, 144-147
automotivo, 38-40, 49-53, 95, 144-145

BAE Systems, 91-92
boliche, 75

cabos elétricos, 18-20
cadeia de suprimentos, 23-25, 27-32, 38-43, 45-46, 57, 60, 75-82, 92-103, 109-110, 113, 119, 121-129
camadas de resistência à mudança. Veja resistência à mudança
caminho crítico, 53-54, 87-88
capacidade, 18-19, 23-27, 50-52, 57, 63-66, 69-73, 86-90, 92, 96, 99-102, 110-111, 115, 121, 131, 135-136, 138-139, 144, 146-147
centro de lucro, 45-46, 101-102
Cinco Passos de Focalização, 49-53, 58, 60, 64, 69-73, 77, 81-82, 86-88, 92, 99-105, 119, 124-125
clube de golfe, 75

compras, 24-27, 38, 48-50, 71-72, 95, 127-128
concorrência, 18-20, 23-26, 28-29, 38, 57, 59, 63, 65, 81-82, 113, 117-124, 137-138, 141-143
consignação, 27-29
construção de moradias, 67-68
contabilidade de custos, 38-41, 52-53
corrente crítica, 64, 72-73, 87-92, 101-103, 119, 124-125, 144, 146-149, 155
corrida de revezamento, 71-72, 109-110
custeio baseado em atividade, 39-40
custos alocados. Veja alocação de custos

Depósito Naval do Corpo de Fuzileiros dos EUA, 91-92
distribuidor, 23-32, 45, 53-54, 60, 62, 72-73, 75-82, 84, 96-97, 101-105, 113, 119-124, 126-128, 135-137, 145-146
Divisão de Manutenção de Aeronaves de Israel, 91-92

Elbit Systems, 91-92
elevar, 50-52, 58, 61, 71-73, 80-81, 102-103
Eli Goldratt. Veja Goldratt, Eli
elo mais fraco, 41-42, 50-51, 144-145
engenharia, 45, 58, 60, 72-73, 112, 121, 145-147
ERP, 18, 25-26, 31-32, 99-103, 152-153
Estoque $ Dias, 94
estoque, 24-25, 27-33, 39-40, 45-50, 59-60, 62, 65-66, 68-70, 75-82, 93-94, 96-103, 109-111, 123-125, 135-137, 141-142, 144-146, 150

Europa, 23-24, 151-152
explorar, 50-52, 58-61, 70-73, 77, 79-80, 88-89, 102-103

fabricação de vidros, 143
fazer ou comprar, 46-47
fumo, 67-68

Ganho $ Dias, 94, 95
ganho, 23, 26-33, 38, 40-42, 46-49, 51-53, 70-73, 75, 77, 81-82, 90-91, 93-98, 100-103, 109-110, 124-125, 135-136, 147-150, 155
gestão de projeto. Veja projeto
Goldratt, Eli, vii, 17-19, 31-33, 40-41, 50-52, 62-63, 66-68, 70-71, 82, 85, 87-88, 100-101, 109-110, 117, 123, 131, 149, 155-156

hospital, 62, 138-139, 152-153

identificar, 50-51, 58, 60, 70-73, 77, 100-101, 104-105
instituição financeira, 41-42, 137-138
investimento, 45-49, 52-53, 93
irrigação, 137-138

Johnson e Kaplan, 38-39

lead time, 20-21, 25-28, 30-31, 40-41, 45-47, 49-52, 59, 61-62, 64-66, 70-73, 78-81, 101-102, 110-111, 114, 119, 121, 124-125, 135-137, 143-144, 150
Lei de Parkinson, 85, 88-89
linhas aéreas, 24-25, 62
locadora de automóveis, 62
logística, 23-24, 28-31, 41-42, 60, 62, 64, 70-71, 78-80, 98, 102-104, 114-115, 119, 124-125, 127-128, 136-137, 141-146
Lord Corporation, 91-92
lotes, 26-27

Mabin and Balderstone, 45, 72-73, 149
manutenção de aeronaves, 59
marketing, 23-24, 26-27, 38-39, 41-42, 45, 57-59, 61-64, 79-80, 84, 102-105, 109-112, 115, 117-121, 123-128, 135-136, 141-143, 151-153, 155-156
McDonald's, 75

medidores, 31-32, 38-39, 42-43, 46-47, 65-69, 80-81, 86-89, 92-105, 109-110, 112-113, 119, 124-127
México, 46-47, 97, 151-152
móveis, 141-143
múltiplas tarefas, 41-42, 86-87, 88-90, 92, 146-147

Oferta Mafiosa, 20-21, 61-64, 119
operações, 45, 48-49, 60, 62, 64-73, 101-102, 109-111, 114-115, 119, 123-125, 127-128, 155-156, 138-139, 144, 151-153

participação de mercado, 19, 23-24, 50-51, 124-125, 135-136
pedido, 79
políticas industriais arraigadas, 63, 120
previsão, 26-28, 46-47, 78, 96, 117-118, 121-124
Princípio de Pareto, 59, 71-72, 139-140
produção, 38, 45-50, 64-69, 71-72, 79-80, 112, 121, 143-145, 147-149
projeto, 18, 20-22, 24-25, 30-33, 37-38, 45, 50-54, 59, 61, 64, 72-73, 82-92, 99-105, 109-111, 114, 119, 121-122, 124-125, 127-129, 136-137, 141-142, 145-149, 151-153
proposta de valor, 23-26, 136-137
pulmão 70-73, 88-91, 101-102, 119, 138-140, 144, 152-153
pulmão de convergência, 88-90
pulmão de projeto, 88-90

Rackham, Neil, 109-110, 155-156
regra aditiva, 38-39, 41-42, 68-69
Relevance Lost. Veja Johnson e Kaplan
reposição, 79
resistência à mudança, 80-81, 104-105, 109-111, 114, 116, 123
restrição de mercado. Veja *marketing*

saúde, 57, 138-139
Seagate Technologies, 91-92
segmentação, 63
Seis Sigma, 31-32, 59, 155-156
sem fio, 23-24, 28-29, 61-63, 120, 126-127, 136-137

síndrome do estudante, 85, 88-89
sistema puxado, 29-31, 62, 78-82, 101-102, 109-110, 114, 119, 135-136
Standish Group, 83
subordinar, 50-52, 60-61, 71-72, 79-81, 88-90, 102-103
supermercado, 145-146

tambor, 70-73, 101-102, 119, 144
Tecnologia da Informação, 24-25, 31-32, 39-40, 45-47, 50-51, 53-54, 72-73, 98-105, 136-137
transporte, 79

varejo, 23-25, 28-31, 38, 62, 72-73, 75-82, 135-137, 141-142, 144-145
vestuário, 46-47
Visão Viável, ix, 17, 23, 25-26, 30-33, 38-43, 45, 49-50, 53-54, 61, 64, 72-73, 82, 93, 98, 109, 113-114, 116, 119, 121-129, 135-139, 141, 151-152

Wal-Mart, 144